Branding

Online Branding:

Drucken Sie jetzt Ihre Marke in Ihren Kunden Geist ab, sogar ohne Erfahrung!

⚓ das Urheberrechtliegt bei Riley Reive 2017 –
Alle Rechte vorbehalten.

Wenn Sie dieses Buch mit einer anderen Person teilen möchten, bitte kaufen Sie eine Extra Kopie für jeden Empfänger. Vielen Dank für Ihre Achtung die Arbeit von diesem Autor. Andernfalls, die Übermittlung, Vervielfältigung oder Reproduktion von der folgenden Arbeit inklusive bestimmte Information wird als illegale Handlung sein egal ob elektronisch oder mit Drucken. Dies erweitert die Schaffung einer sekundären oder tertiäre Kopie von der Arbeit oder eine aufgezeichnete Kopie zu schaffen und das ist erlaubt nur mit schriftlicher Zustimmung von dem Herausgeber. Alle zusätzlichen Rechte vorbehalten.

Inhalt

Einführung 4
Kapitel eins: Branding und Online Branding 5
Kapitel zwei: Die Dinge denken Sie über Ihre Produkte 9
Kapitel drei: Entscheiden Sie was Sie Verkaufen 15
Kapitel vier: Erstellen Sie Ihr Brand 24
Kapitel fünf: Die Öffentlichkeitsarbeit und die Werbung ... 40
Kapitel sechs: Die Geschäftsausrichtung 51
Kapitel sieben: Schlagen Sie den Wettbewerb heraus 56
Kapitel acht: DiePrinzipien des Branding 62
Kapitel neun: Die Kämpfe zu gewinnen 67
Kapitel zehn: Die Gesetze des Branding 69
Abschluss 75

Einführung

Herzlichen Glückwunsch zum Herunterladen Branding und vielen Dank

die folgenden Kapitel werden diskutieren, wie Sie das Beste aus Online-Branding erhalten können, so dass Ihre Marke ist das erste Produkt, die Leute denken über, wenn versuchen, zu entscheiden, welches Produkt oder Dienstleistung zu kaufen!

Es gibt viele Bücher zu diesem Thema auf dem Markt, aber dieses geht direkt zum Herzen des Branding und Sie erhalten alles, was Sie brauchen, um zu schaffen und die Macht ihrer Marke zu erhöhen.

Vielen Dank für die Auswahl dieser ein! Jede Anstrengung wurde unternommen, um sicherzustellen, dass es voll von so viel nützliche Informationen wie möglich, genießen Sie bitte!

Kapitel eins: Branding und Online Branding

Branding ist alles über Geschäft. Das Konzept umfasst nicht nur Stil, Embleme und Logos, sondern auch das Bild der wahrgenommenen.

Branding ist über das Geschäft und wie ein Unternehmen unterscheidet sich von den Wettbewerbern. Unterscheidet sich von den Wettbewerbern. Der Zweck einer Marke ist, sich von ihren Konkurrenten zu unterscheiden. Wenn Sie einen Unterschied machen, dann kann eine Werbekampagne viel effektiver sein.

Branding umfasst viele Faktoren, die einem Unternehmen helfen, erfolgreich zu sein. Diese Faktoren umfassen eine Website, Marketing-Anstrengungen, und alles, was gibt einem Unternehmen eine Identität. Verbraucher Vertrauen ein korporatives Bild, weil es eine Psychologie motiviert, die Kaufentscheidung zu machen.

Online-Branding ist über das Bild, das Sie bauen auf Internet, wenn Sie versuchen, durch Sie zu verkaufen. Es ist eine Methode, dass Sie gehen zu optimieren Ihre Marke durch Web-Recherchen, Blogs, Online-Pressemitteilungen und mehr.

Förderung ihrer Marke online ist ähnlich und doch anders als typische Marketing-Strategien. Daher müssen Sie eine einzigartige Herangehensweise an diese Methode der Förderung ihrer Marke. Und dennoch, die Vorteile der Verwendung von Web-Tools in Ihre Marke umfasst die Fähigkeit, Ihre geschäftlichen Anstrengungen zu maximieren und die Ausweitung ihres Unternehmens Reichweite.

Es ist nur sinnvoll, ihre Branding Anstrengungen auf das Internet in Anbetracht der Tatsache, dass die meisten Menschen heutzutage verwenden das Internet als ihre Quelle der täglichen Informationen zu verlängern.

Es gibt fünf Hauptbereiche, die Sie brauchen, um bei der Entwicklung einer starken Business-Marke online.

URL **Adresse**

Dies ist ein entscheidender bestimmen für Web-Browser. Daher müssen Sie in der Lage sein, ein Gefühl der Identität für Ihre Website zu produzieren und einen Einblick in Ihr Unternehmen bieten, noch bevor Sie die Möglichkeit zu sehen, was Ihre Website ist wirklich über.

Schlüsselwörter

Die Schlüsselwörter sind wichtig, um Suchmaschinen zu helfen, verbinden Sie mit dem richtigen Publikum. Verwenden Sie Stichworte, die mit der Natur Ihrer Website zusammenhängen, so kann es leicht entdeckt werden, wenn Leute eine Suche im Internet laufen lassen. Versuchen Sie, kreativ zu kommen mit Schlüsselwörtern zu verwenden, insbesondere die Abfragen, die nicht direkt verwandt sind, aber mit Ihrem Unternehmen zusammenhängen.

Website

Hier finden Sie die Vision Ihres Unternehmens und Ihr Angebot an qualitativ hochwertigen Produkten oder Dienstleistungen präsentieren. Deshalb müssen Sie eine Website erstellen, die für Ihre Marke spricht. Es gibt mehrere Möglichkeiten, das zu tun, was den Inhalt, Stil, Design und Farbe.

Sie müssen auch Ihr Firmenlogo in die Gestaltung der Website integrieren, um das Maß an Vertrauen und Vertrauen in die Verbraucher auf Ihrer Website zu verbessern. Daher müssen Sie unterlassen, die Substanz ihrer Website für Stil zu gefährden. Eine Website ist nur eine andere Form der Marketing-Strategie und Ihr Ziel ist es, die Botschaft Ihres Unternehmens zu kommunizieren

.

Soziale Netzwerke Profile

Es gibt soziale - Netzwerke Websites Online wie Twitter, LinkedIn, Facebook, wenn Sie einer dieser sozialen Websites beitreten, Schließen Sie immer Ihre Firma Unterschrift oder Marken-Repräsentant wie ein Firmenzeichen ein. Dies wird den Besuchern helfen, sich leicht an Ihr Unternehmen zu erinnern und auf Ihrer Liste.

Der ganze Zweck hinter Online-Branding ist, so dass Ihr Kunde fühlt sich geschätzt, dass Sie sich nicht einfach nicht wirklich immer, das Produkt zu sehen, bevor Sie es kaufen kann. Sie können die Kunden besser fühlen, wenn Sie Promotionen anbieten

Alle gute Sache über Online-Branding sind, dass die Unternehmen die Oberhand über den Wettbewerb, indem Sie die Emotion, die einkaufen zu den Online-Erlebnis gefunden wird.

Firmen, die Online arbeiten, schaffen eine Marke, die Ihre Kunden in der Lage sind, mit so zu verbinden, dass Sie wahrscheinlicher sind, das Produkt zu kaufen. Kunden werden nicht Ihre Ausgaben Gewohnheiten oder Verhaltensweisen zu brechen, nur weil Sie kaufen etwas online, so dass Online-Techniken müssen sich anpassen, um Kunden kommen zurück.

Es wurde entdeckt, dass ein Kunde ist wahrscheinlicher, ein Produkt zu kaufen, auf, wie es vermarktet wird, weil Sie gehen, um mit anderen Kunden auf der Grundlage, wie Sie von Ihrem Unternehmen behandelt werden, und wenn Sie wie Ihr Produkt oder nicht.

Online-Branding wird das gleiche wie im Gespräch mit einem Kunden im Geschäft, es sei denn, dass Sie nicht in der Lage, den Kunden zu sehen. Deshalb ist es wichtig, dass Sie besondere Sorgfalt auf Ihren Kunden und geben Ihnen eine Erfahrung, dass Sie nicht in der Lage zu vergessen werden.

Einer der größten Vorteile für Online-Branding ist, wie Sie in der Lage sein, ihre Beziehung zu ihren Kunden und potenziellen Kunden zu stärken. Nehmen Sie Amazon zum Beispiel, wenn Sie kaufen oder sogar etwas auf Amazon schauen, werden Sie Ihnen Empfehlungen für

Was Sie gerne als nächstes kaufen oder als nächstes betrachten können. Nicht nur das, aber Sie lassen Sie in das Profil des Autors auf der Grundlage, was der Autor beschließt, auf das Internet gestellt, so dass Sie in diesem Autor interessiert werden können oder was der Autor zu schreiben hat.

Millionen von Unternehmen nutzen das Internet, um weiterhin Geld von ihren Kunden zu machen, weil Sie eine Beziehung zu diesem Kunden, wo immer der Kunde hat Zugang zu Ihrer Website.

Einige Unternehmen sind Unternehmen wie GAP, Banes und Noble und vieles mehr. Sie haben noch ihre Läden, die Sie gehen können und besuchen, aber Sie versuchen auch, die Online-Erlebnis für Ihre Kunden anders zu machen.

Kapitel zwei: Die Dinge denken Sie über Ihre Produkte

Jedes Produkt oder Service, das Sie anbieten müssen, muss von Ihrem Kunden akzeptiert werden, müssen Sie es Ihnen in solch einer Weise präsentieren, dass es bildet, was Sie anders als ihre Konkurrenten anbieten.

Was macht Ihr Produkt anders als das, was ihr Wettbewerb bietet?

Was Sie tun müssen, ist, die verschiedenen Qualitäten zu bestimmen, die über Ihre Produkte von den Kunden wahrgenommen werden. Haben Sie einen guten Ruf mit dem Kunden Welt für die Bereitstellung von insgesamt Qualität in ihrer Produkte oder sind Ihre Produkte als Müll und nicht das Geld Wert?

Die Qualitäten Ihres Geschäfts können viele Dinge sein. Wenn Sie darüber nachdenken, wie Kunden die Qualitäten Ihres Geschäfts betrachten, Stellen Sie sicher, dass Sie die Produkte, die Sie bieten, den Kunden-Support, die Sie, Ihr Bild, oder etwas anderes, dass ein Kunde denken, die Qualität von Ihrem Unternehmen kommen würde.

Die Vision und Mission sind sehr wichtig für jedes Unternehmen, egal wie groß oder klein. Stellen Sie sicher, dass Ihre Marke funktioniert gut und passt, was Sie sagen, Sie wollen liefern. Bestimmen Sie, welche Vorteile und Funktionen Ihres Unternehmens sind und ein deutliches Bild dazu haben. Sie benötigen diese Informationen, um ein klares Bild zu vermitteln, wenn Sie sich auf die Entwicklung ihrer Marke konzentrieren und das ist sehr wichtig für dein Geschäft.

Auch erfahren Sie, was die Kunden wirklich an Sie denken. Sie könnten denken, Kunden absolut lieben Sie, wenn Sie wirklich sehen Sie auf die Qualität Ihres Produkts. Wissen, was die Kunden denken, ist sehr wichtig.

Die Erstellung einer Marke auf der Grundlage von Kunden-Input kann erfolgreich sein, vor allem, wenn Sie das Design von etwas für die Kunden ändern. Dies gibt Ihnen ein Gefühl des Eigentums und es zeigt Ihnen, Sie wirklich kümmern.

Sie sollten zunächst über Ihre Idee zu entscheiden und stellen Sie sicher, dass es nicht nur anders, aber es geht zu arbeiten. Sie wollen nicht zu weit zu erreichen und sich in etwas, das wird über Ihren Kopf und damit es unmöglich machen, damit Sie mit diesem Produkt fortsetzen.

Ein großer Teil der Schaffung einer Marke für Ihr Unternehmen erweist sich für die Kunden, warum Ihre Produkte und Dienstleistungen sind die besten zu kaufen. Die Differenzierung findet hier statt, aber Sie müssen die Vorteile für die Verbraucher beweisen. Bestimmen Sie, welche Vorteile die von Ihnen angebotenen Produkte, die angebotenen Dienste oder etwas anderes sind.

Warum profitiert der Kunde, wenn Sie einkaufen oder von Ihnen kaufen? Sie haben eine sehr harte Zeit, eine Marke zu errichten, wenn Sie nicht die Vorteile oder Ihre Produkte oder Dienstleistungen bestimmen können.

Die Eigenschaften ihrer Produkte und Dienstleistungen sind auch wichtig und Sie gehen Hand in Hand mit den Vorteilen. Die Eigenschaften eines bestimmten Produkts sollten einen Vorteil bieten. Bestimmen Sie die

Funktionen und diejenigen, die sich aus dem Rest oder bieten den größten nutzen kann ein Ziel für die Marketing-Kampagne.

Das beste, was Sie tun können, ist nicht allgemein mit den Ideen, die Sie kommen mit. Sprechen Sie mit anderen und sehen, wie Sie denken, dass das Produkt wird zu tun. Differenzierung von Ideen ist, was andere Unternehmen tun, und es hilft Ihnen mit ihren Produkten, und es ist etwas, was Sie tun müssen, wie gut.

Branding ist über die Wahrnehmung des Kunden. Wenn Sie eine Marke erstellen möchten, die Sie eine Wahrnehmung des Kunden zu schaffen, dass Sie die besten sind, dass Sie etwas anderes als ihre Konkurrenten, und es ist dieser Unterschied, der die Schwächen Ihrer Konkurrenten abdeckt.

Heute können Kunden nicht wissen, dass Sie existieren, oder Sie können ein negatives Gefühl für Ihr Unternehmen haben, weil Sie nicht geübt haben richtige Methoden.

In der Tat sollte eine Idee nicht erfunden werden, aber es sollte mit dem Fluss gehen und Ihr Produkt gegen Ihre Wettbewerbe zu platzieren. Ihr Produkt sollte das Produkt zu schlagen, dass Ihr Wettbewerb produziert, so dass Sie die erste Wahl in den Köpfen der Kunden.

Die Wettbewerber, die Sie brauchen, um zu sehen:
1. der Marktführer. Dies ist die Person, die wird für die Vermarktung und kommen mit den meisten der Werbung, die auf dem Produkt gesehen wird.

2. Leiter genau wie Vertrieb Leiter, er arbeitet mit der Werbung.

Jeder von dort aus ist nicht wirklich von Sorge, weil Sie nur sprach in einem Rad. Im Wesentlichen sind Sie diejenigen, die sich mit den Projekten, die aus dem Marktführer und die Regierungschefs.

Es ist für viele Unternehmen leicht zu sagen, dass Ihr Produkt einzigartig ist und wird zuerst kommen. Aber das wird nicht wahr sein. Nur weil ihr Wettbewerb hat andere Produkte, die Sie nicht anbieten und müssen Ihre Aufmerksamkeit zwischen all ihren Produkten, so dass Sie die Ergebnisse, die Sie wollen, zu teilen.

Der Unterschied zwischen , was Sie anbieten und was Sie anbieten ist, dass Sie etwas anbieten werden, das eine Notwendigkeit im Leben eines Kunden füllt.

Selbst wenn Ihr Produkt das gleiche tut, müssen Sie ein neues Spin auf Ihr Produkt setzen, damit es nicht mit den anderen Produkten identisch ist, die dort draußen sind.

Zum Beispiel, Blick auf Red Bull, hat es eine ganz neue Kategorie, die erstellt wurde, dass es, wo es keine Konkurrenten, die gegen ihn, und es gibt auch kein anderes Produkt, das ist da draußen, die geht, um die Red Bull Produkt zu vergleichen.

Es ist nicht an Ihnen als Produzent, die Probleme zu lösen, die mit Ihrem Produkt entstehen, es ist Sie als Kunde, diese Probleme zu lösen. Wenn Sie sich die Dinge aus der Sicht des Kunden, dann werden Sie in der

Lage, eine Menge mehr Mängel, die in Ihrem Produkt, anstatt nur auf das Produkt als jemand, der es produziert sehen.

Zurück zum Red Bull Beispiel. Was ist das Problem mit Red Bull? Vielzahl. Sie bieten eine Tasse Kaffee, mit Kaffee, Kaffee mit Eis, so weiter und so weiter und das ist eine Menge von Produkten zu haben, zu bieten, aber das Problem wird nicht sein, was andere "Energy-Drink" sollte der Kunde kaufen. Das Problem ist, wenn ich einen Schuss von Energie brauche, wie werde ich dieses Problem beheben? Die offensichtliche Antwort ist, dass ich werde für einen roten Stier zu erreichen!

Was ist die grundlegende Notwendigkeit, dass Ihr Produkt versucht zu lösen? Wenn Sie kein Problem haben, dass Ihr Produkt zu lösen versucht, dann sind Sie vermutlich nicht gehend, einen Markt hinter Ihrem Produkt zu haben.

Marken Sie sich auf das Problem, dass Ihr Produkt löst!

Kapitel drei: Entscheiden Sie was Sie Verkaufen

Während Sie noch versuchen, zu lösen, was zu verkaufen gehen Sie zurück zu der Idee Differenzierung, und Blicken Sie auf diese drei Hauptbereiche, die Sie sollten sich konzentrieren.

1. Wettbewerber: Wer sind Ihre Wettbewerber? Wie viele haben Sie? Was tun Sie, um Ihr Produkt zu fördern?
2. andere Produkte, die Sie anbieten: wie ist das, was Sie versuchen, anders als andere Produkte anzubieten? Sind Sie alle über das Brett in dem, was Sie zu bieten haben, oder sind Sie konzentriert sich auf ein bestimmtes Genre wie Sport-Getränke?
3. wenn niemand sonst ein Produkt anbietet, was Sie anbieten, ähnlich ist, dann werden Sie denken, dass Sie ein Genie sind, in dem, was Sie kam mit. Sie müssen sehen, wie die Menschen werden auf das Produkt als auch reagieren. Wie löst es das Problem, das Sie reparieren möchten? Wie wird es in parallelen Situationen tun, die nicht direkt mit dem Problem zusammenhängen, das Sie lösen möchten.

Wie wir immer zu erwähnen, wenn es ein Problem, das von diesem Produkt gelöst werden muss, dann wird es ein Markt! Es ist die einfachste Regel, die man sich merken kann.

Jetzt, was ist Ihr Markt?

1. Wer sind Ihre Kunden? Alter Bereich? Geschlecht? Rasse?

In dem Fall, dass Sie einen gezielten Kunden haben, dann sind Sie nicht wirklich ein Unternehmen für das betreffende Produkt oder für jedes Unternehmen. Wenn Sie nicht brauchen ein Geschäft, dann wissen Sie nicht, was Sie wollen zu verkaufen. Einige Produkte müssen auf eine bestimmte Marke von Kunden vermarktet werden, gibt es keine Möglichkeit, um es herum. Das kann manchmal zu Ihrem Vorteil verwendet werden.

Branding von Ihrem Publikum wird es Ihnen ermöglichen, mit dem Umsatz erfolgreicher zu sein und langfristige Kunden zu entwickeln, die Ihnen gewidmet sind. Das Ansprechen der falschen Zielgruppe kann Probleme mit Glaubwürdigkeit und Vertrauen hervorrufen.

Ältere Gruppen von Menschen wollen oft eine Marke als eine, die Sie vertrauen können sehen. Sie wollen Glaubwürdigkeit und einen professionellen Look. Wenn das Bild zu sein scheint jung oder nicht professionell, dann können Sie feststellen, dass Ihre Einnahmen fehlen.

Die gleiche Praxis läutet mit einer jüngeren Menschenmenge wahr. Wenn Sie sich für eine junge Menschenmenge und Ihre Marke ist zu professionell und kommt als langweilig dann Kinder werden nicht daran interessiert, was Sie zu bieten haben.

Zum Beispiel, wenn Ihre Zielgruppe ist zu verkaufen Super Auto Spielzeug bis fünf Jahre alten Jungen dann wollen Sie eine sehr spannende Marke, die Spaß macht. Wenn Ihre Marke ist professionell und so ist Ihr

Aussehen wird es schwer zu überzeugen, ein 5 Jahre alt, dass die Autos sind wirklich schnell.

Immer Marke von Publikum. Finden Sie heraus, was Sie sehen wollen. Sie können sogar mit verschiedenen Altersgruppen sprechen und herausfinden, was Sie sehen möchten. Das wäre ein guter Ausgangspunkt.

Publikum ist alles. Wenn Sie das Zielpublikum nicht kennen, können Sie nicht anfangen, eine Marke für ein Produkt oder eine Firma zu erstellen. Es gibt viele Gründe, dass Publikum berücksichtigt werden müssen. Zu wissen, Ihr Publikum gut wird für Sie arbeiten auf lange Sicht.

Das Publikum ist die gezielte Kundenbasis, die Sie hoffen, zu erreichen, um für den Kauf Ihres Produkts. Das Publikum kann Geschlecht, Alter, geografische Regionen und vieles mehr umfassen. Und das ist sicherlich sehr wichtig für Ihr Geschäft

Das Zeitalter eines Publikums muss berücksichtigt werden, wenn Branding stattfindet. Dies ist, weil, wenn Sie auf eine jüngere und mehr Hip Publikum Sie vielleicht wollen, um zu sehen, eine Marke, die lebendige und mehr Hip. Wenn Ihr Publikum ist älter und anspruchsvoller, dann können Sie auf der Suche nach einer Marke anzeigen mehr Professionalität.

Das Zeitalter eines Publikums muss berücksichtigt werden, wenn Branding stattfindet. Dies ist, weil, wenn Sie auf eine jüngere und mehr Hip Publikum Sie vielleicht wollen, um zu sehen, eine Marke, die lebendige und mehr Hip. Wenn Ihr Publikum ist älter und anspruchsvoller, dann können Sie auf der Suche nach einer Marke anzeigen mehr Professionalität.

Einkommen ist nicht etwas, dass viele Menschen denken, wenn Sie ein Publikum bei der Entwicklung einer Marke zu betrachten. Dies ist oft, wo Unternehmen schief gehen.

Sie können ein teures Produkt nicht an ein schlechtes Publikum verkaufen. Auch Menschen mit einem sehr hohen Einkommen können nicht in Betracht ziehen, ein sehr billiges Produkt. Der Wert Ihrer Marke muss mit dem Einkommen der Menschen, die Sie denken, wird Ihr primäres Ziel als Kunden.

Auch geografische Regionen sind sehr wichtig. Viele Menschen öffnen Unternehmen und versuchen, Produkte und Dienstleistungen, wo es einfach nicht ein Bedürfnis zu verkaufen. Dies ist ein guter Weg zu scheitern. Zum Beispiel, wenn Sie ein Unternehmen verkauft Schnee schaufeln dann wäre es nicht sinnvoll, zu versuchen, Sie zu Hause Eigentümer in Florida verkaufen. Kennen Sie Ihre geografischen Standorte und welche Regionen am meisten von Ihrem Produkt oder Ihrer Dienstleistung profitieren werden.

1. Wählen Sie, was Sie verkaufen.

Mit dem Produkt, das Sie erstellt haben, werden Sie es in die Lösung für den Versuch, herauszufinden, ob es das richtige Produkt zu verkaufen oder wenn Sie sich bewegen und ein anderes Produkt zu finden.

Bevor Sie Ihre Produkte oder Dienstleistungen erstellen, denken Sie an einen Titel dafür. Der Titel wird Ihnen helfen, Ihnen eine klare Richtung zu geben, auf welche Weise Sie mit Ihrem Produkt gehen sollten. Ein effektives Branding-System beginnt mit einem großen Namen. Es sei denn, Sie können Ihrem Unternehmen einen Namen geben, der es unterscheidet, können Sie nicht mit der Erstellung einer Marke fortfahren. Es ähnelt einem neugeborenen Kind, das zuerst benannt werden muss, bevor er oder Sie Ihre eindeutige Identität erstellen kann. Nur dann können Sie mit den nachfolgenden Methoden fortfahren, die darauf abzielen, Ihre Marke auf dem Markt zu schaffen und ihr Wachstum zu ermöglichen.

Ein guter Titel wird eine, die unvergesslich ist, so versuchen Sie und machen Sie es zu, wo Ihr Titel hat diese drei Funktionen.

- Bauen Sie Ihre Marke
- Kommunizieren Sie den Nutzen des Besitzes Ihres Produkts an Ihren Kunden.
- Fangen Sie die Aufmerksamkeit des Kunden sofort und lassen Sie ihn genau verstehen, was es ist, dass sie Ihnen anbieten.

- -Ihr Markenname sollte höchstens zwei Worte sein.
- -Der Markenname muss beschreibend sein, weil es dem Kunden alles erzählen wird, was Sie über Ihr Produkt wissen müssen, bevor Sie sogar das Produkt kaufen.
- -Ihr Markenname muss erfunden werden. Ein Wort, das erfunden wird oder entfernte Verbindungen zu dem, was es ist, dass die Vorteile von dem, was Sie anbieten, sind.

- -Sie können Ihren Namen mit Suffixen und Präfixe ändern, wird es effektiver für Ihre Marke, aber es wird schwieriger sein.

-Für jeden Namen sollten Sie eine ".com-Domain" haben. Wenn die Domain bereits getroffen wurde, dann finden Sie einen anderen Markennamen.

Es gibt spezifische Schlüsselwörter, die die Aufmerksamkeit Ihrer Kunden erfassen, während Sie Ihren Markennamen klar und einfach machen.

- Die Geheimnisse
- Die Wahrheit über
- Schnell
- Halten Sie / oder stoppen Sie
- Leicht und/oder einfach

Kurze Titel werden einfacher zu speichern und werden einfacher sein, die Verbindung mit einem Domain-Namen in der Zukunft.

Der Name wird der ganze Start Ihres "Branding-Prozessen" sein. Der Name wird Ihrem Kunden mitteilen, was die Vorteile des Besitzes Ihres Produkts sind. Namen sollten kurz und generisch sein, aber nicht so generisch, dass Sie leicht vergessen werden. Versuchen Sie, Ihren Namen kurz, beschreibend, unvergesslich machen, damit Sie Konkurrenten von der Verwendung der Namen oder Namen, die ihm ähnlich, um Ihre Kunden zu erhalten blockieren können.

Eine allgemeine Regel ist, um sicherzustellen, dass alle Ihre Produkte mit irgendeiner Art von Marke verbunden sind. Jede Marke muss anders als die übergeordnete Marke. Wann immer ein neues Produkt herauskommt, ist Ihr größter Fehler, ihm einen Namen zu geben, der bereits weithin bekannt ist. Dies ist, weil ein Name, der weithin bekannt ist, bereits einen Ruf im Verstand des Klienten hat.

Mit neuen Produkten, die Sie erfolgreich haben möchten, benötigen Sie einen neuen Maßstab und einen neuen Namen.

1. Finden Sie einen einzigartigen Winkel für Ihr Produkt.

Herausfinden Sie, was die Schwäche für Ihre Konkurrenz ist. Es gibt immer Dinge, die den Wettbewerb schwach machen und Sie müssen diese Schwächen nutzen, um Ihre Konkurrenz zu nutzen und sich selbst die Oberhand zu geben.

Wir werden in den nächsten Kapiteln gründlich über den Wettbewerb sprechen. So bitte lessen Sie alles!

1. Fügen Sie ein negatives Versprechen

Sie müssen alles tun, was Sie können, um vor Ihrem Wettbewerb zu bleiben. Wenn Sie etwas versprechen können, dass Sie nicht dann sind Sie machen sich gut aussehen und bekommen Kunden zu Ihnen kommen, weil Sie zeigen eine negative Seite zu Ihrem Wettbewerb.

1. Geben Sie einen Zeitrahmen an

Legen Sie einen Zeitrahmen drauf! Zum Beispiel, der klassische, der gesehen wird, ist 30 Tage oder Ihr Geld zurück. Sie müssen dieses nicht verwenden, können Sie Ihre eigenen bilden. Aber machen Sie es nicht, wo Sie gehen zu verlieren Gewinne.

1. konsequentes Versprechen

Die wichtigste Sache über Branding ist, dass Sie ständig die Versprechen, die Sie an die Zielgruppe zu verstärken müssen. Ein "Branding-Programm" kann durch Konsistenz verstärkt werden.

Konsistenz ist der wichtigste Faktor, wenn Sie verstärken. Es zeigt, dass Sie über Ihre Marke und Ihr Produkt ernst sind. Es ist wichtig, konsequent zu sein, um Glaubwürdigkeit bei den Kunden und dem öffentlichen Auge zu zeigen. Wenn ein Unternehmen nicht konsistent ist, sieht es schlecht für ein Unternehmen, als ob Sie organisiert sind oder Probleme haben.
Verstärkung ihrer Marke bedeutet, dass Sie zurück, was Sie sagen, Sie werden tun. Sie müssen den Kunden zu beweisen, dass das, was Sie sagen, ist wahr und kontinuierlich zu verstärken dies wird Brand die Idee in ihren Köpfen.

So gibt es sechs Punkte, den Sie anstreben, damit Sie eine Garantie für ein Geschäft haben können.
1. Sie sind höher als der Wettbewerb
2. ein spezifisches Ziel
3. ein besserer Zeitrahmen als das, was der Wettbewerb bietet
4. Ein Produkt, das anders ist als das, was angeboten wird.
5. Ein einzigartiger Winkel zum Angreifen
6. Ein negatives Versprechen, das sinnvoll ist

Je mehr Ihr Markt ist, desto besser ist die Wahrscheinlichkeit, dass Sie Kunden bekommen. Wenn Sie wenig zu keinen Wettbewerb haben, dann haben Sie wahrscheinlich keinen Markt. Der Markt wird Teil dessen, was macht oder bricht ihr Geschäft.

Sie möchten die Gewohnheiten Ihres Mandanten nicht ändern. Stattdessen möchten Sie ihm eine Lösung geben, die funktionell, einfacher und genauer für ihn Problem ist.

Kapitel vier: Erstellen Sie Ihr Brand

Keine geschäftliche Marke wird über Nacht produziert. Es folgt einem methodischen Prozess, der Strategie und Organisation einschließt. Aber wenn Sie denken, dass, wenn Sie einen Firmennamen und Firmenzeichen, dass Ihre Arbeit bereits getan ist, dann müssen Sie wissen, dass selbst mit langjähriger Geschäft der Prozess das Brand-Management noch läuft.

Abgesehen von der Zeit, einige große Unternehmen investieren sogar viel Zeit und Betrag, nur um sicherzustellen, dass das Vermächtnis der Marke bleibt konsistent mit den Werten, die von der Gesellschaft verkörpert.

Alles, was Sie brauchen, ist ein Bekenntnis zu dem Prozess, um einen Fokus und Konsistenz auf Ihren Branding Anstrengungen zur Verfügung stellen.

Wie Sie Ihre Marke bauen, nach Al Ries, Vater der Marke Positionierung, gibt es fünf Stufen, die Sie durchlaufen müssen.

1. Fokus

In der Welt, in der wir leben, gibt es eine Fülle von Kommunikationen. Sie können auf den Markt gehen und Tausende von Produkten finden, die dazu gedacht sind, das gleiche Problem zu lösen.

Aber, wegen alle dieser Kommunikation, müssen Sie in der Lage sein, sich auf das, was es ist, dass Sie tun.

Wenn Sie denken, wie die Menschen denken, müssen Sie sich daran erinnern, dass es zwei Räume in Ihrem Kopf, wie Sie gehen durch die Liste der, was Sie benötigen, wenn Sie versuchen, ein Produkt zu kaufen.

Das erste, was Sie brauchen, um sich auf eine Nische, die nicht wird sehr viele Wettbewerber haben. Sie werden immer noch in einem großen Markt, aber Sie werden die Schaffung einer Nische in diesem Markt, die für Sie einzigartig ist. Je weniger Wettbewerber, die Sie in dieser Nische, desto besser Ihr Produkt wird.

Versuchen Sie nicht, und bitte alle, wenn Sie versuchen, dies zu tun, dann werden Sie nie in der Lage, jemanden zu gefallen. Es ist das größte Problem, dass die meisten Unternehmen, indem Sie versuchen, alle durch die Bereitstellung einer breiten Palette von Produkten durch die Ausweitung der Linie in Produkte, die am Ende ohne Markt zu machen.

Sie wollen sich auf die Kundenorientierung konzentrieren. Sie wollen nicht auf Ihren Kunden zu sehen und Ihnen sagen, dass Sie etwas haben, dass er möglicherweise wollen, Weil dann Sind Sie in Schwierigkeiten mit der Produktion. Dies wird am Ende führen zu niedrigeren qualitativ hochwertigen Produkten.

Konzentrieren Sie sich auf Ihre Marke Logo als gut. Erstellen Sie etwas, das wird Aufmerksamkeit von Kunden zu lenken. Es genügt nicht, nur zuerst zu sein, müssen Sie eine Marke, die zuerst als gut.

Denken Sie daran, dass je größer der Markt, mit dem Sie arbeiten, um so mehr, dass Sie sich darauf konzentrieren müssen, was es ist, dass Sie tun, und sicherlich sollen Sie diese Schritte machen, wenn Sie erfolgreich sein möchten

Wenn Sie sich in den Vereinigten Staaten, konzentrieren sich auf die Vereinigten Staaten Märkte, wenn Sie woanders sind, konzentrieren sich auf diese Märkte. Versuchen Sie nicht und Markt nach China aus den Vereinigten Staaten. Zumindest nicht als Ihr Schwerpunkt, denn wenn Sie wollen auf einem globalen Markt zu gehen, müssen Sie eingrenzen ihren Fokus.

"umso mehr du gibst, umso weniger wirst du tun."

1. Kategorie

Die Kunden wissen immer, dass es Kategorien gibt, wenn es um die Marken geht, die Sie betrachten. Einige Kunden werden nicht auf die Marke ausgerichtet, aber andere werden. Die Marke wird jedoch immer die Spitze des Eisbergs sein.

Xbox ist eine Marke, die in der Kategorie der Videospiele.

Viele Kunden werden nicht über die Tatsache, dass Sie gehen zu wollen, um ein Xbox-Spiel zu kaufen, das erste, was zu Ihrem Verstand kommt, ist, dass Sie wollen, ein Videospiel zu kaufen. Von dort aus, wenn Sie entscheiden, welche Marke es ist, dass Sie gehen zu wählen.

Große Marken sind höchstwahrscheinlich nicht in der Lage, abgeholt zu werden und befördert werden. Beispielsweise versuchte die Marke Kodak, den Schalter zur digitalen Fotografie zu machen. In diesem Übergang endete das Unternehmen Bankrott gehen. Aus diesem Grund starb die Marke Kodak zusammen mit der Kategorie Film.

Im Verstand eines Kunden ist die erste Marke auf dem Markt das beste. Aber das ist nicht immer der Fall.

Sollten Sie in der Lage, eine Marke, die groß wird, wie die Nummer eins Verkäufer in Großbritannien zu schaffen, können Sie diesen Titel und erweitern Sie Ihre Marke.

Die Kunden werden sich an die Kategorie, die Sie wollen, um zu kaufen, bevor Sie jemals an eine Marke denken. Wenn Sie sprechen über die Marke, die Kategorie oft geht ungesagt, weil es bekannt ist, welche Kategorie das Produkt fällt in.

Wenn Ihre Marke nicht mit einer Kategorie verbunden werden kann, wird es nicht über den Verstand des Kunden kommen, weil Sie nicht wissen, welche Kategorie Ihre Marke fallen soll, und das wird Ihre Verkäufe verletzt.

Das Wort Kategorie ist Schlüssel! Sie können nicht eine Marke zu nehmen und nur bewegen Sie es Kategorie zu Kategorie, weil es nicht in dieser Kategorie funktioniert. Wenn Sie sich entschließen, eine Marke zu bewegen, müssen Sie sich mit einem neuen Namen, eine neue Marke, und dann legte es in die neue Kategorie.

1. verbaler Nagel

Sie werden wollen, um einen Nagel in den Kopf des Kunden mit einem visuellen Hammer, so dass Sie denken, Ihre Marke zuerst.

Fragen Sie sich: Was ist das Konzept, das ich will passieren?

Wenn Sie nicht in der Lage sind, den Nagel zu finden, der Menschen zu Ihrer Marke erinnern, dann werden Sie sich auf die Vermarktung konzentrieren müssen. Wenn Sie versuchen, Ihre Marke in den Köpfen der Kunden zu erhalten, werden Sie wollen, um Wörter zu verwenden, die gehen, um einen visuellen Hammer zu schaffen.

Ihre Worte gehen zu einem Bild vorschlagen. Wenn das nicht der Fall ist, dann wirst du neue Worte finden.

1. visuelle Hammer

Um eine starke Marke Business zu etablieren, müssen Sie auch ein starkes Business Image erstellen. Dies wird von potenziellen Kunden oder Verbrauchern verwendet werden, um Ihre eigenen Erwartungen über das Unternehmen zu beurteilen. Es gibt einen entscheidenden Augenblick in jeder Marketing-Strategie, die darauf abzielt, die Aufmerksamkeit der Kunden über Ihr Produkt und Sie erreichen dies durch Ihr Unternehmen Image und Marke, das ist auch, warum es von extremer Bedeutung ist.

Mehr als jede Art von Eindruck, Sie wollen ein positives Bild auf Ihre Kunden zu schaffen. Dies wird dazu beitragen, dass Sie zu den Top- Ihrer Liste, wenn Sie erwägen, ein Produkt ähnlich verkaufen.

In der Geschäftswelt ist es üblich, dass die Menschen sagen, dass ein Logo alles ist, wenn es um Branding geht. Das könnte nicht weiter von der Wahrheit. Jedoch sollte es in der Lage sein, die Art Ihres Geschäfts auf seiner grundlegendsten Ebene zu erfassen und zu reflektieren.

Wenn Sie ein Logo entwerfen gibt es viele Dinge zu bedenken, so dass Sie wissen, dass Sie eine gute zu schaffen. Diese Dinge beinhalten die Farben, wie besetzt das Logo ist, ein Slogan, unvergesslich und vieles mehr.

Logos sind ein Teil des Bildes. Ihr Ziel im Branding ist es, ein Bild, das eine emotionale Auswirkung auf die Kunden hat zu schaffen. Dies bedeutet nicht, um ein emotionales Bild oder werfen in einem Slogan, um die Menschen Weinen. Slogans sollten eine Auswirkung haben, aber ein Versprechen, das Sie liefern werden.

Bilder sollten nicht in Logos auf allen, aber wenn Sie wählen, um ein in einem Logo stellen Sie dann sicher, dass es sehr klein und nicht zu beschäftigt.

Farben sind in einem Logo sehr wichtig. Sie können sehr ärgerlich, wenn Sie zu hell und schwer zu sehen, und Sie können zu langweilig und langweilig. Es ist sehr wichtig, eine kluge Farbe Kombination mit Ihrem Logo zu wählen.

Farbe wirkt sich auf den Arbeitsspeicher Rückruf der Verbraucher auf Ihrem Produkt oder Unternehmen insgesamt. Wenn Sie denken, eine bestimmte Farbe ähnlich wie die von Ihrem Unternehmen Marke verwendet, dann werden Sie leicht assoziieren diese Farbe mit Ihrem Produkt. Das Vorhandensein von Farbe stimuliert dann die Sinne und sendet Signale, ohne dass ein kommunikative Muster initiiert werden muss.

Nun, da Sie wissen, die Rolle, die Farbe spielt in Ihrer Marke Strategie, das nächste große Dilemma ist die Wahl der Farbe zu verwenden. Aber auch dieses sollte nicht so schwierig sein, vorausgesetzt, dass Sie die Richtlinien und die Vision, die Sie für das Unternehmen haben, klar festgelegt haben.

In der Geschäftswelt ist es üblich, dass die Menschen sagen, dass ein Logo alles ist, wenn es um Branding geht. Das könnte nicht weiter von der Wahrheit. Jedoch sollte es in der Lage sein, die Art Ihres Geschäfts auf seiner grundlegendsten Ebene zu erfassen und zu reflektieren.

Sobald Sie die Farbe gewählt haben, müssen Sie dann verwenden, dass in allen Ihren Geschäfts-Promotion-Materialien, um die Bedeutung der Farbe in Verbindung mit Ihrem Unternehmen und seinen Produkten oder Dienstleistungen weiter zu verbessern.

Jede Farbe hat ihre universelle Bedeutung, die Sie berücksichtigen müssen, bevor Sie Sie in Ihrem Geschäft Branding Anstrengungen. Hier sind grundlegende Farben zu berücksichtigen:

Blau

Die Farbe blau, universell gesprochen, ist eine gut gefiel Farbe. Es strahlt ein Gefühl von vertrauenswürdig, Verantwortung und Sicherheit. Das ist der Grund, warum blau ist auch häufig in der Geschäftswelt verwendet, weil es nicht nur angenehm zu betrachten, aber es strahlt eine positive Stimmung, da es eine Farbe mit dem Meer und dem Himmel verbunden ist. Die Botschaft der Stabilität, die durch die Verwendung dieser Farbe vermittelt wird, baut Vertrauen zwischen Individuen, die innerhalb eines Organs arbeiten.

Rot

Eine weitere beliebte Farbe in mehreren Marken der Firma verwendet. Die Farbe Rot stimuliert Ihre Sinne schnell, daher ist es eine Aufmerksamkeit Grabung Farbe, die den Eindruck, aggressiv und energisch. Diese Farbe wird von Unternehmen verwendet, die Emotionen und schnelle Reaktion potenzieller Kunden wecken möchten. Fast-Food-Ketten verwenden in der Regel die Farbe Rot, weil es eine heiße, brennen und Intensivierung der Haltung zeigt.

Grün

Im Sinne seiner universellen Bedeutung, Grün bedeutet Gesundheit und Gelassenheit. Aber die Bedeutung kann sich aber je nach den Schattierungen von Grün verwendet. Hellere Schattierungen von grün produzieren eine beruhigende Wirkung, während dunklere diejenigen Strahlen Reichtum und Prestige.

Gelb

Dies ist eine Farbe, die eng mit der Sonne verbunden ist. Daher ist es eine Farbe, die Sie verwenden möchten, wenn Sie eine positive Botschaft von Optimismus und Wärme schaffen wollen. Es gibt auch unterschiedliche Schattierungen von dieser Farbe, aber ihre Bedeutung reicht von der Motivation zur Erzeugung positiver Energie. Helle gelbe effektiv erfassen die Augen, so dass Sie vielleicht möchten diese Farbe für Displays verwenden und Sie können die Aufmerksamkeit der Menschen, die der erste Schritt in jedem Einkauf.

Schwarz

Dies ist eine klassische Wahl der Farbe für eine Business-Marke. Abgesehen davon, dass es auch eine kühne, leistungsfähige und anspruchsvolle Personen Daher ist diese Farbe ziemlich üblich für teure Produkte oder die meisten anspruchsvollen Gadgets.

Weiß

Wie immer, weiß bedeutet Einfachheit und Reinheit. Da jedes weiße Objekt ein gewisses Maß an Helligkeit erzeugt, ist es für die Verwendung auf Türbeschilderung gut geeignet. Dasselbe mit schwarz, es hilft Ihnen auch, ein professionelles und leistungsfähiges Bild zu erzielen. Diese Farbe ist am besten mit Produkten im Zusammenhang mit Gesundheit und Sanitär-Pflege verbunden.

Verwenden Sie alle diese Zeiger bei der Auswahl einer Farbe für die Verwendung auf Ihrer Business-Branding-Strategie und Sie werden in der Lage, mehr Auswirkungen auf Ihre Marketing-Kampagnen zu produzieren.

Auch wenn Sie das Logo Entwerfen und die Farben auswählen, sollten Sie das Publikum berücksichtigen. Ein professioneller Look für ein älteres Publikum sollte hellere Töne und angenehme Farben verwenden, während Kinder genießen primäre und helle Farben.

Die Kunden werden sich an die Kategorie, die Sie wollen, um zu kaufen, bevor Sie jemals an eine Marke denken. Wenn Sie sprechen über die Marke, die Kategorie oft geht ungesagt, weil es bekannt ist, welche Kategorie das Produkt fällt in.

Ein Logo sollte nie zu beschäftigt sein. Es sollte kurz sein. Sie wollen ein Firmenlogo einfach und leicht zu merken. Ein Logo, das zu beschäftigt ist, kann ärgerlich und schwer zu lesen.

Es ist wichtig, Wettbewerber Websites suchen und überprüfen, ob es keine anderen Unternehmen mit dem gleichen Namen wie Ihr mit einem Logo, das ähnlich ist. Vergewissern Sie sich, dass Sie nie ein Logo kopieren oder ein Logo verwenden, das fast dasselbe wie ein anderes Unternehmen ist. Dies könnte dazu führen, dass Sie in der Mitte einer Klage, wenn Sie versehentlich die gleiche Sache wie jemand anderes.

Mehr als jede Art von Eindruck, Sie wollen ein positives Bild auf Ihre Kunden zu schaffen. Dies wird dazu beitragen, dass Sie zu den Top-Ihrer Liste, wenn Sie erwägen, ein Produkt ähnlich verkaufen.

Das Paket wird auch ein Teil dessen, was macht Ihre Marke Stick in den Geist Ihres Kunden. Die Farbe der Verpackungen, damit verbundene Tiere, so weiter und so weiter.

Das Wort Kategorie ist Schlüssel! Sie können nicht eine Marke zu nehmen und nur bewegen Sie es Kategorie zu Kategorie, weil es nicht in dieser Kategorie funktioniert. Wenn Sie sich entschließen, eine Marke zu bewegen, müssen Sie sich mit einem neuen Namen, eine neue Marke, und dann legte es in die neue Kategorie.

Die Kunden werden sich an die Kategorie, die Sie wollen, um zu kaufen, bevor Sie jemals an eine Marke denken. Wenn Sie sprechen über die Marke, die Kategorie oft geht ungesagt, weil es bekannt ist, welche Kategorie das Produkt fällt in.

Wenn Sie nicht in der Lage sind, den visuellen Hammer zu finden, dann werden Sie nicht in der Lage sein, diesen visuellen Nagel zu Hause fahren, so müssen Sie einen anderen Nagel zu finden. Der Nagel ist letztlich wichtiger als der Hammer ist, weil Sie nicht in der Lage, in den Köpfen der Kunden zu bekommen, wenn Sie nicht visuell sind.

Denk an es wie ein Haus. Ein Haus kann nicht mit Nägel alleine gebaut werden, ein Hammer muss verwendet werden, um diese Nägel in Kraft zu halten.

Wenn Sie nicht in der Lage sind, den Nagel zu finden, der Menschen zu Ihrer Marke erinnern, dann werden Sie sich auf die Vermarktung konzentrieren müssen. Wenn Sie versuchen, Ihre Marke in den Köpfen der Kunden zu erhalten, werden Sie wollen, um Wörter zu verwenden, die gehen, um einen visuellen Hammer zu schaffen.

1. Slogans und Kampfschreit

Jede Form von Business-Branding-Plan muss die Schaffung eines Slogans beinhalten. Es ist eines der grundlegenden Elemente, die beim Aufbau einer effektiven Brand-Kampagne notwendig sind. Ein Slogan besteht typischerweise aus einem kurzen Satz oder einer Phrase, die dazu dienen, die Marke zu verstärken. In der Tat haben viele Big-Time-Unternehmen haben sehr erfolgreiche Marketing-Slogans, dass es von den Verbrauchern so viel wie Ihren Namen anerkannt.

Slogan wird oft als ein Element für effektive Branding-Methoden entlassen, was auch der Grund, warum auch ein potenziell guter Firmenname nicht zu liefern ist. Sein Hauptzweck ist vor allem zu erhöhen und den Namen zu erhöhen oder einen winzigen Einblick, was die Marke verspricht zu liefern. Auch einfache Wörter oder Phrasen können einen langen Weg gehen, wenn es gut mit Ihrer Marke funktioniert.

Denken Sie daran, dass je größer der Markt, mit dem Sie arbeiten, um so mehr, dass Sie sich darauf konzentrieren müssen, was es ist, dass Sie tun, und sicherlich sollen Sie diese Schritte machen, wenn Sie erfolgreich sein möchten

Der Zweck ist hauptsächlich, die Aufmerksamkeit des Verbrauchers zu erfassen und Interesse zu produzieren, was Ihr Unternehmen ist und tut.

(1) ein guter Slogan ist unvergesslich. Da der Zweck eines Slogans ist, Brand zu erhöhen und den Käufer Motivationen auslösen, muss es zunächst in der Lage, Ihre Aufmerksamkeit zu erfassen und in ihrem

Gedächtnis für einen bestimmten Zeitraum zu bleiben. Power ist ein wesentlicher Faktor in der Wirtschaft, so müssen Sie in der Lage sein, etwas zu produzieren, das im Verstand der Verbraucher bleibt, wenn Sie gehen, um zu kaufen.

(2) ein guter Slogan erzeugt Bilder auf den Verstand des Verbrauchers. Die meisten Menschen produzieren Bilder auf Ihren Verstand, wenn Sie etwas hören. Daher können Sie die visuellen Muster Ihrer Kunden mit dem Slogan auslösen. Zum Beispiel können Sie Sie an Ihr Firmenlogo erinnern und eine stärkere Verbindung zwischen den beiden zu schaffen.

(3) ein guter Slogan treibt Menschen in Aktion. Auslöser für den Verbraucher Teil wird dazu beitragen, dass Sie die Entscheidung, das Produkt zu kaufen ist vertreten.

(4) ein guter Slogan hebt den Nutzen des Produkts hervor. Dies ist mit den Anstrengungen der Schaffung von Produkt-Unterscheidung gebunden, was zu betonen, die Vorteile, die man aus der Verwendung der Produkte oder Dienstleistungen eines Unternehmens ableiten kann.

Machen Sie Ihren Slogan, der sich leicht im Verstand eines Kunden wiederholen wird.

Der Verstand wird nur Klänge registrieren und nicht die Worte, die gesagt werden. Die Klänge werden vom Verstand verstanden, während Sie einen Prozess der Anerkennung durchlaufen.

Logos sind ein Teil des Bildes. Ihr Ziel im Branding ist es, ein Bild, das eine emotionale Auswirkung auf die Kunden hat zu schaffen. Dies bedeutet nicht, um ein emotionales Bild oder werfen in einem Slogan, um die Menschen Weinen. Slogans sollten eine Auswirkung haben, aber ein Versprechen, das Sie liefern werden.

Bilder sollten nicht in Logos auf allen, aber wenn Sie wählen, um ein in einem Logo stellen Sie dann sicher, dass es sehr klein und nicht zu beschäftigt.

Aber wie sind die Klänge verlinkt?

Die gängigsten Klänge, die miteinander verknüpft sind, sind, Alliterationen, Wiederholung, Inversion und doppelte Bedeutung.

Worte, die Rhyme werden Worte, die voneinander angeregt werden, und es ist etwas, das leicht erinnert werden kann.

Alliteration wird verlangt, dass Sie Wörter haben, die mit dem gleichen Buchstaben in einer Reihe anfangen werden. Es ist am besten, dass Sie ein Wörterbuch, das nicht geben Sie die Bedeutung der Wörter, sondern nur Listen von Wörtern, die mit jedem Buchstaben anfangen zu kaufen. Sie können sogar versuchen und Rhyme die Worte, wenn Sie fühlen, wie Sie in der Lage sind.

Es ist wichtig, Wettbewerber Websites suchen und überprüfen, ob es keine anderen Unternehmen mit dem gleichen Namen wie Ihr mit einem Logo, das ähnlich ist. Vergewissern Sie sich, dass Sie nie ein Logo kopieren oder ein Logo verwenden, das fast dasselbe wie ein anderes

Unternehmen ist. Dies könnte dazu führen, dass Sie in der Mitte einer Klage, wenn Sie versehentlich die gleiche Sache wie jemand anderes.

Mehr als jede Art von Eindruck, Sie wollen ein positives Bild auf Ihre Kunden zu schaffen. Dies wird dazu beitragen, dass Sie zu den Top-Ihrer Liste, wenn Sie erwägen, ein Produkt ähnlich verkaufen.

Das Paket wird auch ein Teil dessen, was macht Ihre Marke Stick in den Geist Ihres Kunden. Die Farbe der Verpackungen, damit verbundene Tiere, so weiter und so weiter.

Wörter, die wiederholt werden, werden Verbindungen in einem Gehirn stimulieren und die ganze Idee, eine Idee umzukehren, wird jemandem Gedächtnis anregen.

Die Verwendung einer doppelten Bedeutung wird zu Vibrationen im Geist eines Kunden, da Sie versuchen und gehen zwischen den beiden verschiedenen Bedeutungen.

Kapitel fünf: Die Öffentlichkeitsarbeit und die Werbung

Sie können nicht einfach denken, dass die Kunden zu Ihnen kommen werden. Sie müssen einige der Arbeit zu tun, um Sie zu wissen, was Ihre Marke ist. Deshalb müssen Sie mit PR und Werbung arbeiten, um Ihre Marke unvergesslich machen.

Erstens müssen Sie öffentliche Beziehungen erstellen. Sprechen Sie mit Ihrem Kunden zu wissen, was es ist, dass Sie wollen. Kunden sind die gesamte Basis für Ihr Geschäft sowieso, so müssen Sie sich auf Sie konzentrieren. Bauen Sie Ihre Werbung um Sie herum, damit Sie in der Lage sind, wirklich die richtigen Kunden zu Zielen.

Die Erkennung von Gebäuden kann eine schwierige Aufgabe im Branding-Prozess sein. Es gibt viele Möglichkeiten, die Erkennung zu erstellen. Sie müssen jedoch innerhalb der Organisation beginnen und ihren Weg an die Kunden und die Wettbewerber weiter arbeiten.

Internet hat mehrere Möglichkeiten eröffnet, um ein Unternehmen zu ermöglichen, seinen Namen zu etablieren und potenziell wachsen. Daher haben Unternehmen auch an der Steigerung Ihrer Web-Präsenz, um Ihre Marktpräsenz zu erweitern gearbeitet.

Studien haben gezeigt, dass die meisten Web-Surfer mit einer Suche beginnen. Daher ist es am besten, Ihre Website in einer Weise zu optimieren, dass Sie in den Suchmaschinen gut rangiert. Kurzum, Sie müssen Anstrengungen Unternehmen, um Ihre Website leicht von potenziellen Web-Forschern gefunden zu machen. Deshalb haben mehrere

Unternehmen in Suchmaschinen-Optimierung zu investieren, um Ihre Leistung und Marketing-Strategien im Web zu verbessern.

Sie müssen einen kurzen Absatz über das Unternehmen schreiben. Geben Sie einen Überblick über das Geschäft, wie Sie angefangen haben, und was macht Sie heute gedeihen. Die Übersicht sollte positiv und ermutigend sein. Es sollte auch die Verbraucher denken, Sie sind ein ausgezeichneter Ort, um zu kaufen.

Wenn Sie eine Marke erstellen, müssen Sie konsistent sein. Konsistenz sollte in allem stattfinden, was Sie tun. Denken Sie daran, Marke ist Ihr Bild und wenn Sie nicht konsistent sind, wird es nicht eine gute Auswirkung auf die Verbraucher haben.

Die primäre Frage, die Sie sollten, wie Sie selbst ist, wenn Sie alles, was Sie versprechen, Ihre Kunden zu liefern. Die Antwort hier sollte immer ein ja sein. Die Zustellung sollte jederzeit konsistent sein.

Sei ehrlich. Wenn Sie sagen, dass Sie gehen, um Ihnen Ihr Geld zurück in einer Woche, wenn Sie nicht wie Ihr Produkt, dann müssen Sie dazu aufgefordert werden. Um ehrlich zu sein, werden die Leute gute Dinge über Ihr Unternehmen sagen, weil Sie eine angenehme Erfahrung haben, auch wenn Sie Ihr Geld zurückzubekommen haben.

Testimonials gehen einen langen Weg! Machen Sie es, wo Sie geben ihren Kunden guten Kundenservice. Je besser Sie in der Lage sind, ihren Kunden zu behandeln und mit jeglichen Beschwerden umzugehen, die Sie haben, desto besser, was Sie über Ihr Unternehmen sagen.

Testimonials werden in der Regel gehen an Orten, wo jeder kann Sie sehen, wie auf Google oder auf Ihrer Website des Unternehmens. Sie wollen nicht, dass die Menschen schlechte Dinge über Ihr Unternehmen sagen, bevor ein neuer Kunde ist sogar in der Lage, sich mit Ihnen zu beschäftigen.

Ein andere Medien Überlegung, wenn Sie bauen Ihre Marke ist, dass Sie auf Empfehlungen arbeiten müssen. Verweise arbeiten sehr gut im Aufbau Ihrer Marke. Dies ist Mundpropaganda durch Kunden, die von Ihnen schwören. Diese können schwierig sein, aufzubauen, aber wenn Sie Empfehlungen erhalten, hilft es bei der Glaubwürdigkeit.

Sie können bei der Gewinnung von Empfehlungen zu Ihrem Unternehmen helfen, indem Sie Sonderangebote oder Rabatte für Kunden, die Sie auf andere Kunden verweisen. Dies kann ein $5 Rabatt auf Ihren nächsten Kauf oder etwas anderes. Wenn der Kunde sieht, gibt es einen Vorteil in ihm für Sie werden Sie oft Zeit verweisen das Unternehmen, um den Nutzen zu gewinnen. Dies trägt zur Steigerung der Kundenbasis, zum Umsatz und zum Aufbau Ihrer Marke bei.

Ereignisse müssen nicht immer physisch sein. Ereignisse können auch online sein wie ein Gewinnspiel, das die Kunden in einer bestimmten Zeitspanne eingeben, um ein Produkt von Ihnen zu gewinnen. Wenn Sie ein Ereignis haben, wo Kunden in der Lage sind, wie in einem Ziegel und Mörtel zu speichern, dann gehen nicht über den Haushalt, sondern machen es, wo die Kunden nicht aufhören, gute Dinge zu sagen. Angebot kostenlose Dinge, Coupons, so weiter und so weiter. Bauen Sie Ihre Beziehungen mit den Kunden auf, damit Sie zurückkommen.

Wenn Sie nicht bereit sind, für Ihre Kunden konkurrieren, dann werden diese Kunden nicht zu Ihrem Geschäft zurückkehren. Die mehr Unternehmen, die in der Nische, die Sie sich entscheiden, beizutreten, die mehr Wettbewerber, die Sie werden zu haben. Während Sie in der Lage sein, mehr Profit zu machen, ist es nicht immer leicht, in diesen Märkten zu erhalten, weil Sie gehen zu müssen, um einen Namen für sich direkt von der Fledermaus zu machen.

Wenn der Markt ist, groß und überfüllt, dann versuchen, alle in diesem Markt zu adressieren wird zu einigen schweren Fehlern auf Ihrem Teil führen.

Sie müssen einen kurzen Absatz über das Unternehmen schreiben. Geben Sie einen Überblick über das Geschäft, wie Sie angefangen haben, und was macht Sie heute gedeihen. Die Übersicht sollte positiv und ermutigend sein. Es sollte auch die Verbraucher denken, Sie sind ein ausgezeichneter Ort, um zu kaufen.

Wie bereits erwähnt, müssen Sie nicht versuchen, und bitte jeder. Tuend dieses ist nicht gehend nach verlegen Sie abgesehen von ihrer Konkurrenten, weil Sie sind alle versuchen zu sein Volk bitte. So ist dies ein schlechtes Geschäft Praxis, wenn Sie der Führer in dieser Nische sind, weil, wenn Sie nicht sind, dann sind Sie vermutlich nicht von den Kunden erinnert werden.

Nicht nur das, aber Sie können am Ende machen Dinge schlimmer, weil mit der heutigen Technologie, gibt es mehr Informationen für den Kunden, als es in den letzten dreißig Jahren. So aus 5000 Produkte, die online verfügbar sind, gibt es zu hohen vergleichen Preise.

Jüngste Studien haben gezeigt, dass es bei den Kunden eine kognitive Blindheit gibt, wenn es um die Online-Werbung für Produkte und Dienstleistungen geht. Dies geschieht, weil der Benutzer wird nicht auf die Produkte, als ob Sie anders aussehen, und Sie wollen nicht wissen, warum Sie hören sollten Sie über hören auf jemanden anderen.

Dieses Problem kann gelöst werden, indem Sie sich ein Spezialist. Die Menschen werden eher empfänglich für einen Spezialisten als jemanden, der ein Generalist. Ein Spezialist wird als besser wahrgenommen, weil Sie mehr wissen haben. Aber das wird nicht immer wahr sein. Sollten Sie in der Lage sein, sich selbst der Kopf des Marktes in Ihrer Nische, dann werden Sie zu nutzen, die Überzeugung, dass die Menschen in Ihnen installiert haben.

Trotz der Tatsache, dass Sie wahrscheinlich viel zu sagen haben, müssen Sie eingrenzen, was Sie versuchen zu sagen und einzugrenzen ihren Fokus, wenn Sie wollen, dass die Menschen tatsächlich denken, dass Sie ein Spezialist sind. Seien Sie präzise und restriktiv mit den Informationen, die Sie geben, um Menschen und Ihr Plan wird viel besser funktionieren, als Sie denken.

Steh auch auf! Mischen Sie nicht in die Menge der Vermarkter, die da draußen sind. Machen Sie etwas, das wird Sie sich von Kunden, die vielleicht oder nicht etwas von Ihnen gekauft haben, erinnert.

Sie müssen nicht immer Ihre Preise senken, um leichter zu verkaufen. Solange Sie sich selbst abheben von anderen in Ihrem Markt, werden Sie in der Lage, Menschen zu kommen und kaufen Sie Ihr Produkt, auch wenn es nicht die, die Kosten die geringste Menge Geld. Am Ende sind Sie nur wollen, geben Sie Ihren Kunden spezifische Gründe, um von Ihnen zu kaufen, anstatt Ihre Konkurrenz.

Zum Beispiel, um so zu tun, eine Menge von Unternehmen stören Kunden, weil Sie wollen Geld für alles kostenlos. Dies lässt einen Kunden zu Fuß weg mit einem schlechten Geschmack in Ihrem Mund über Sie und nur bewirkt, dass Sie sich unehrlich oder gierig.

Es gibt Dinge, die Sie verschenken können kostenlos, wenn es um Informationen. Es gibt keine Möglichkeit, Sie können einen Kunden Lehren, alles, was Sie wissen, in nur wenigen Minuten zu sprechen mit Ihnen oder auf ein paar Seiten, die Sie lesen können.

Die Erkennung von Gebäuden kann eine schwierige Aufgabe im Branding-Prozess sein. Es gibt viele Möglichkeiten, die Erkennung zu erstellen. Sie müssen jedoch innerhalb der Organisation beginnen und ihren Weg an die Kunden und die Wettbewerber weiter arbeiten.

Viele Menschen üben Tipps und Ratschläge durch Flyer und Broschüren. Möglicherweise möchten Sie einige nützliche Tipps auf der Rückseite Ihrer Broschüre platzieren. Dies wird dazu beitragen,

Glaubwürdigkeit und Vertrauen mit Kunden, die Sie nicht gierig sind und Sie sind bereit, Ihnen zu helfen, bestimmte Ziele zu erreichen.

Es wird Ihnen auch beweisen, dass Sie tatsächlich das Wissen haben, um bestimmte Aufgaben innerhalb Ihres Unternehmens durchzuführen.

Sie müssen nicht Geheimnisse des Handels enthüllen, aber Sie können hilfreiche Informationen geben, die nützlich sind.

Nützliche Informationen können enthalten Tipps und Ratschläge, wenn Sie sich auf einen Service-Anruf in einem Heim. Wenn Ihr Unternehmen bietet Sanitär-Dienstleistungen und Sie sind auf einen Anruf, dass der Kunde hat gefroren Rohre unter Ihrem Haus, dann können Sie empfehlen, lassen Sie das Wasser Tropfen über Nacht. Diese Art von Beratung ist für den Kunden nützlich und wird Ihnen helfen, nicht am Ende in einer Situation mit einer Burst-Pipe. Obwohl, kontinuierliche gebrochene Rohre kann ein Gewinn für Sie es ist nur ein Kunde.

Sie können denken, es wird nicht profitieren Sie, um Ihnen zu sagen, wie Sie Probleme zu vermeiden, denn dann werden Sie nicht brauchen. Es gibt jedoch viele andere Gründe, die Sie anrufen können. Plus, werden Sie die Person, die Sie zu jeder Zeit, Sie brauchen etwas repariert werden. Darüber hinaus, Mundpropaganda geht ein langer Weg mit Kunden und der Kunde kann Sie viele Unternehmen ihren Weg zu gewinnen.

Eine der beliebtesten Methoden des Branding und die Gewinnung von Wettbewerbsvorteil ist durch die Verwendung von Blogs.

Blogs ermöglichen eine Website, um Verkehr zu erhöhen, zu verbessern Rang durch Suchmaschinen-Ergebnisse, und sogar hilft bei der Glaubwürdigkeit Gebäude auch.

Sie erlauben Besucher zu einer Sitze, ihre eigenen Anmerkungen, Artikel und mehr bekanntzugeben. Ging einem Benutzer der Zugriff auf die Dinge auf Ihrer Website Post ermöglicht Ihnen, ein Gefühl der Eigenverantwortung für das Unternehmen zu spüren. Sie arbeiten in vielerlei Hinsicht, die Foren, Diskussionsforen oder sogar wie ein tägliches Tagebuch in einem Sinne beinhalten können. Sie halten die Besucher auf dem Laufenden über aktuelle Ereignisse und ermöglichen Diskussionen stattfinden.

Es gibt viele Gründe, Blogs für ein Unternehmen zu verwenden. Ein Unternehmen möchte eine Diskussionsrunde bereitstellen, die es anderen Kunden ermöglicht, Tipps und Tricks zur Fehlerbehebung zu besprechen. Ein Unternehmen kann nützliche Informationen darüber, wie die Langlebigkeit aus Produkten zu erhalten, wie zu reparieren oder zu beheben Dinge, und auch, wie man Probleme zu verhindern, dass auftreten.

Sie müssen einen kurzen Absatz über das Unternehmen schreiben. Geben Sie einen Überblick über das Geschäft, wie Sie angefangen haben, und was macht Sie heute gedeihen. Die Übersicht sollte positiv und ermutigend sein. Es sollte auch die Verbraucher denken, Sie sind ein ausgezeichneter Ort, um zu kaufen.

Wenn Sie sich entschließen, ein Blog zu Ihrem Unternehmen Website hinzufügen dann gibt es viele Dinge zu berücksichtigen, so dass Sie das Beste aus ihm heraus zu erhalten. Einige Unternehmen erlauben es Leuten, ihre eigenen Inhalte zu veröffentlichen, während andere nicht. Betrachten Sie Dinge wie Schlüsselwörter und Phrasen, Links, nützliche Informationen und sogar Kontaktinformationen.

Der Hauptzweck der Blog-Writing für Branding ist es, mehr Exposition gegenüber einem Unternehmen zu gewinnen und das Wort zu Menschen, die das Unternehmen existiert. Blogs sind eine ausgezeichnete Möglichkeit, Hype und Exposition zu schaffen, weil das Web hat Millionen von Unternehmen und Kunden.

Wenn Sie einen Blog verwenden, ist es wichtig, sicherzustellen, dass Sie wichtige Schlüsselwörter, die für die Produkte und Dienstleistungen von Ihrem Unternehmen angeboten relevant sind. Diese Schlüsselwörter und Phrasen sollten die Worte sein, die in die Suchmaschinen eingegeben werden, wenn ein Benutzer nach dem sucht, was Sie anbieten.

Die Schlüsselwörter sollten natürlich im gesamten Inhalt des Blogs verwendet werden. Sie werden arbeiten, indem Sie Ihr Blog in der Suchmaschine Ergebnisse gezogen werden, wenn Benutzer in den spezifischen Schlüsselwörter und Phrasen, die Sie in dem Blog verwendet werden.

Hinzufügen von Links zu Blogs ist eine sehr wichtige Sache aus zwei Gründen. Sie bieten eine einfache Methode, um zurück zu Ihrer Website und eine eingehende Verbindung zu erhalten. Benutzer schätzen immer eine einfache Weise, zu Ihrem Unternehmen zu gelangen.

Wenn Sie sprechen über Produkte und Dienstleistungen in einem Blog angeboten, ohne Links, wo die Kunden Sie finden können, dann wird es nicht gut. Kunden werden nur für einen sehr kurzen Zeitraum nach einem Geschäft suchen, wenn Sie überhaupt suchen. Sie haben eine bessere Chance auf einen Kunden, wenn ein Link ist genau dort in der Blog, so können Sie einfach klicken und herausfinden, mehr über das Unternehmen.

URLs sind auch für ein Unternehmen vorteilhaft, da Sie eingehende Links bereitstellen. Eine der Möglichkeiten, Suchmaschinen Arbeit ist, dass eine der Möglichkeiten, Sie Rang ein Unternehmen ist durch Popularität. Popularität kann durch Verbindungen aufgebaut werden, die innerhalb von Blogs integriert werden.

Die mehr eingehende Verbindungen, die Sie in einem Blog, die mehr Popularität eine Suchmaschine denkt, Sie haben. Vergessen Sie nie, eingehende Links innerhalb von Blogs und Inhalte platzieren Sie auf Ihrem Blog platzieren.

Ein Blog muss nützliche Informationen für die Besucher und Leser zu bieten. Wenn es etwas Nützliches für den Leser werden Sie wiederkommen für mehr. Blogs geben Ihnen die Möglichkeit, den
Sie erlauben Besucher zu einer Sitze, ihre eigenen Anmerkungen, Artikel und mehr bekanntzugeben. Ging einem Benutzer der Zugriff auf die Dinge auf Ihrer Website Post ermöglicht Ihnen, ein Gefühl der Eigenverantwortung für das Unternehmen zu spüren. Sie arbeiten in vielerlei Hinsicht, die Foren, Diskussionsforen oder sogar wie ein tägliches Tagebuch in einem Sinne beinhalten können. Sie halten die Besucher auf

dem Laufenden über aktuelle Ereignisse und ermöglichen Diskussionen stattfinden.

kostenlosen Rat und nützliche Informationen, die den Nutzern zugute kommen und dazu führen, dass Sie Glaubwürdigkeit für die Kenntnisse über die angebotenen Produkte und Dienstleistungen zu gewinnen.

Kapitel sechs: Die Geschäftsausrichtung

Brand-Modelle wurden formuliert, um den Rahmen für die Schaffung einer wirksamen Marke, die in der Lage, Markt-Trends und Wettbewerb standhalten wird.

Was ist ein Branding-Modell?

Es gibt grundlegende Modelle in den Prozess der Brand Planung verwendet. Jeder von Ihnen wird verschiedene Schritte und Aspekte des Prozesses abdecken, um eine solide Branding-Strategie zu erstellen. Abgesehen von der Fähigkeit, Methoden für die Ankunft auf eine bestimmte Marke Idee, werden diese Modelle auch helfen Geschäftsleute verstehen das Verhalten der Verbraucher in Bezug auf Ihre Reaktionen auf eine Marke, die hilfreich bei der Anpassung Alter Branding-Strategien oder den Erwerb neuen.

Alle diese Funktionen sind Schlüssel bei der Verwaltung und Überprüfung Marken, die notwendige Schritte, die von jedem Unternehmen in Ihren Branding Anstrengungen unternommen werden müssen. Diese Modelle sind nicht direkt miteinander verbunden, wirkt sich jedoch auf einen anderen aus.

Brand Positionierung

Dieses Modell umfasst ihre Anstrengungen, um ein Bild, das seine eigene Position auf dem Markt zu schaffen. Fest etabliert Ihre Marke wird Ihrem Zielmarkt helfen, sich leicht zu erinnern und sich für ihre Produktpalette. Dies ist ein Aspekt Ihrer Marke Planung, worin Sie sich auf die Schaffung überlegener Marken, die Ihre Konkurrenz zu beseitigen konzentrieren müssen. Hier sind Schritte, die Sie benötigen, um zu sehen:

Dies ist der Schritt, worin Sie anfangen, andere Marken zu identifizieren, gegen die Sie konkurrieren. Definieren Sie dann die Parameter Ihrer eigenen Marke gegen Ihre Konkurrenz. Dadurch können Sie Ihre Anstrengungen konzentrieren.

1. die Hauptsache, dass ein Führer nicht zu kämpfen, den Krieg ist Ihre Position. Sie bauen so einen Ruf auf, dass Sie den Markt überholt haben.
2.Sie müssen die Schwäche im Anführer finden, wenn Sie überholen wollen. Also, Angriff auf diese Schwäche.
3. Ihr Angriff muss eine Front sein und so streng sein, wie Sie es möglich machen können.

Als nächstes Ziel ist es, Attribute Ihrer Marke einzuführen, die es ermöglichen, sich von der Konkurrenz abheben. Sie müssen auch Elemente in Ihre Marke einführen, die im Verstand ihrer Verbraucher oder Zielmarkt die wahrgenommene Qualität ihrer Marke produzieren wird.

Sie müssen einen Slogan für Ihre Marke, die darauf abzielen, die Position und Werte ihrer Marke zu bekräftigen. Es zielt darauf ab, die

Botschaft der Marke zu artikulieren und was es verspricht, den Verbrauchern zu liefern.

Ein leistungsfähiges Konzept

Menschen, die im Branding arbeiten, sind in der Regel an den Kunden orientiert, so dass Sie in der Lage sind, diesen Kunden zu ziehen. Allerdings ist dies nicht immer zu arbeiten, denn auch wenn Sie wissen, was der Kunde will, gibt es andere Unternehmen wie Ihre, die versuchen oder Erfolg haben, um dem Kunden genau das, was Sie wollen.

Wie Sie in Branding arbeiten, werden Sie feststellen, dass das Problem nicht der Kunde, sondern der Markt, weil die Produkte, die auf dem Markt angeboten werden, unterschieden werden. Habend ein artig Produkt ist nicht gehend nach geben Sie sofortigen Erfolg. Auf dem Markt, den Sie heute erleben werden, müssen Sie einen Wettbewerbsvorteil haben, daher müssen Sie unbedingt anders sein als die um Sie herum.

Wettbewerb ist, was macht den Branding-Markt gehen. Sie müssen nach überall suchen, dass Sie Ihre Konkurrenten angreifen können, damit Sie nach unten nehmen und sich auf dem Markt bewegen können.

Das "beste Produkt" Fehler

Viele Branding-Manager haben die Armen dachten, dass, wenn Ihr Produkt ist besser, Sie werden nicht zu haben, um die Branding-Spiel und Sie werden nicht zu haben, um Ihre Konkurrenz anzugreifen. Das ist auf allen Ebenen falsch!

Sie müssen eine gute Werbeagentur, die wird Ihnen helfen, die Fakten über Ihren Kunden zu finden, so dass Sie in der Lage sein, den Verkauf zu schließen, bevor Sie gehen zu können, um einen Wettbewerber zu gehen.

Aber die einzige Wahrheit, die Sie finden werden, ist, dass Sie im Verstand des Kunden finden werden. Die Wahrheit wird nicht deine Wahrheit sein, aber es ist die einzige Wahrheit, die du in der Lage sein wirst, mit zu arbeiten. Sie müssen in der Lage sein, diese Wahrheit anzunehmen und damit umzugehen, wenn Sie erfolgreich sein wollen.

Der gesamte Krieg für das Branding wird völlig im Verstand des potentiellen Kunden bekämpft. Sie werden nicht zu gewinnen, indem Sie nur ein besseres Produkt, Sie werden zu gewinnen, weil die Menschen eine bessere Wahrnehmung ihrer Firma haben.

Brand Resonanz
Sobald Sie durch die Bühne der Schöpfung und Unterscheidung Platzierung auf dem Markt sind, ist Ihr nächster Schritt, um die Loyalität ihrer Verbraucher zu schützen. Dazu müssen Sie einen effizienten Kunden Relation Service einsetzen und ein Feedback-System bereitstellen. Dieses Modell folgt den ersten Schritten der Marke Positionierung Methoden.

Jetzt, die Kunden erworben haben, ist Ihr nächstes Ziel, die Beziehung zwischen Ihnen und ihrer Marke zu stärken. Schließlich stammt der Großteil der Verkäufe von Stammkunden.

Mehr als alles, in diesem Stadium ist, wo Sie die Botschaften, die ursprünglich von Ihrer Marke vermittelt verstärken müssen. Somit bleiben die Kunden mit dem Maß an Leistung und Qualität ihrer Marke zufrieden. Sind ihre Methoden im Einklang mit der Identität der Marke und ihrer Missionen? Berücksichtigen Sie das Feedback der Kunden auf Ihrem Produkt und wie Sie auf diese Beziehung aufbauen können.

Brand Wertschöpfungskette

Dieser ist mehr auf die finanziellen Auswirkungen ihrer Branding Anstrengungen konzentriert. Die Grundidee dieses Modells ist, dass der Wert der Marke in den Kunden bestehen, so dass ist, wo Sie sollten sich konzentrieren die meisten ihrer Branding-Strategien auf.

Sorgfältig kombinieren dieser verschiedenen Modelle wird ein Unternehmen eine zuverlässige Perspektive der verschiedenen Bereiche in der Marketing-Aktivität beteiligt. Wenn Sie alle diese Branding Schritte in die Formel wird es Ihnen ermöglichen, problemlos Fortschritte oder Problembereiche im Branding-System zu verfolgen.

Kapitel sieben: Schlagen Sie den Wettbewerb heraus

Einer der wichtigsten Konzepte, die Sie in der Branding-Krieg erinnern müssen, ist, dass Sie sich an, was Ihre Wettbewerber tun, nicht, was Ihr Unternehmen tut sich anzupassen.

Es gibt viele Dinge zu bedenken, über Ihre Konkurrenz, wenn Sie eine Branding-Kampagne entwerfen. Viele Unternehmen scheitern, weil Sie nicht Ihre Konkurrenz zu betrachten.

1. die erste Sache, die Sie prüfen müssen, ist, wie stark ist der Marktführer Position? Der Anführer wird hinter alles sein, was ein Unternehmen tut. Die zweite und dritte Position muss auch abgenommen werden, aber es ist nicht so wichtig wie der Anführer. Es ist viel wie bei Bienen, wenn Sie die Königin töten, der Rest Butt.

2. Finde eine Schwäche im Anführer und Angriff ihn. Jeder hat eine Schwäche und wenn Sie nehmen diese Schwäche und verwenden Sie es zu Ihrem Vorteil, wenn Sie in der Lage sein, den Führer zu fallen führen. Konzentrieren Sie sich nicht auf Preis oder Qualität als Schwächen. Dies sind keine guten Schwächen für Angriffe.

3. Starten Sie den Angriff auf eine Front, die leicht für Sie zu kontrollieren. Wenn Sie nicht in der Lage sind, alles über den Angriff zu

kontrollieren, dann wird der Wettbewerb in der Lage sein, die Oberhand über Sie zu erhalten und ihren eigenen Angriff gegen Sie zu nutzen.

Sie müssen die ordnungsgemäße Forschung über Ihre Wettbewerber zu tun, lernen, was macht Sie anders, warum die Kunden sollten Sie wählen, und vieles mehr.

Finden Sie ein Segment des Marktes, dass Sie in der Lage sein zu verteidigen. Es ist vielleicht nicht ein großer Fleck auf dem Markt, aber es muss etwas sein, dass Sie in der Lage sein, als ihre eigenen Ansprüche geltend zu machen.

Denken Sie an Armeen, wenn Sie versuchen, das Schlachtfeld zu verringern, damit Sie die Oberhand gewinnen können, werden Sie ein Stück Land finden, das Sie besser kennen als ihre Feinde und halten Sie, bis Sie Ihre Feinde besiegt haben oder besiegt werden.

Mit anderen Worten, werden die großen Fische im kleinen Teich.

Recherche des Wettbewerbs

Sie müssen immer Ihre Konkurrenz recherchieren, bevor Sie Ihre Marke beginnen. Jedes Unternehmen muss wissen, wer Ihre primären Konkurrenten sind. Es ist wichtig zu wissen, ob Ihr Unternehmen oben auf der Liste in der Branche ist oder genau wo Sie stehen.

Bei der Recherche von Wettbewerbern ist es wichtig, gründlich zu sein und alles über Sie zu lernen, dass Sie können. Wie sind Sie ähnlich?

Haben Sie dieselben Produkte wie Sie? Welche Arten von Werbe-Kampagnen, die Sie verwenden, die erfolgreich sind? Was sind Kampagnen, die Sie verwenden, dass Scheitern?

Was unterscheidet sie von den Wettbewerbern?

Ein sehr wichtiger Faktor, wenn Sie Konkurrenten von ihren Produkten und Dienstleistungen suchen, ist, dass es ist, dass Sie das anders haben. Wenn Sie müssen, machen Sie eine Liste von allem, was Sie haben, dass Sie nicht und umgekehrt. Bestimmen Sie, was es über Ihr Unternehmen ist, das funktioniert.

Viele Konkurrenten verließen ein wichtiges Stück Information, dass Sie sich auf das Produkt konzentrieren sollten, das Sie nicht sind. Dies könnte eine perfekte Lösung, um einen Fuß in und unmittelbar vor den Wettbewerbern.

Wenn Sie den positiven Aspekt, der unterscheidet sich, dass Sie völlig abgesehen von den Wettbewerbern es kann diese Informationen für Ihre Werbekampagne verwendet werden.

Sie wollen nie das gleiche Aussehen wie der Rest der Unternehmen in ihrer Branche.

Haben Sie keine Angst, Schritt außerhalb der Kiste und gehen Sie anders. So werden sich die Konsumenten an Sie erinnern. Wenn Sie alle das gleiche Aussehen, dann wird es keinen Unterschied zu den Kunden, wenn Sie eine Wahl, dass Sie gehen zu kaufen.

Warum sollten Kunden von Ihnen kaufen?

Ein weiterer Teil über die Einstellung selbst abgesehen von den Wettbewerbern ist festzustellen, warum die Kunden von Ihnen und nicht der andere Kerl Einkaufen sollten. Was ist es über Ihr Unternehmen, das Ihnen den richtigen Ort zum Einkaufen macht?

Wenn Sie verkaufen oder kostenlosen Versand und die Wettbewerber nicht dann sollten Sie dies als Anlaufstelle zu verwenden, rechts vorne. Wenn Sie ein Produkt haben, dass der Wettbewerber nicht dann sollten Sie dies zu verwenden. Zeigen Sie den Kunden, warum Sie der bessere Ort sind. Es gibt viele Möglichkeiten, dies zu tun.

Sie können ein Kundenservice-Team, das 24 Stunden am Tag verfügbar ist und die anderen Unternehmen können nur während der normalen Geschäftszeiten geöffnet. Das wäre ein zentraler Punkt.

Sie müssen die ordnungsgemäße Forschung über Ihre Wettbewerber zu tun, lernen, was macht Sie anders, warum die Kunden sollten Sie wählen, und vieles mehr.

Die Gründe, warum Kunden von Ihnen Einkaufen sollten, müssen klar und prägnant sein. Sie müssen ganz anders als der Rest der Unternehmen in ihrer Branche. Die Einstellung selbst abgesehen von den Rest ist das beste, was Sie tun können, weil es dazu führen, dass die Kunden zu merken Sie spezifisch. Es wird keine Verwirrung darüber, welches Unternehmen Sie sich in einer Gruppe von Unternehmen, die die gleichen aussehen.

Die beste Option, die Sie wählen können, ist, ein einzelnes Produkt anzugreifen, weil wenn Sie versuchen, und alles angreifen, wird der Führer in der Lage sein, einen Verlust aufgrund der Tatsache, Sie sind nicht in der Lage, Löcher in alles stecken.

Wenn Sie eine begrenzte Front für Angriffe haben, müssen Sie kraft verwenden. Sie müssen ihre Massen zwingen, eine bestimmte Überlegenheit zu erreichen, die Ihnen helfen wird, Ihre Firma vorwärts zu drängen.

Denken Sie schließlich an den Kunden. Welches Wort wollen Sie mit Ihnen assoziiert werden, wenn Sie an Sie denken?

Branding-Seiten:

1. jeder gute Angriff wird eine Bewegung der Hüften und wird in einem Bereich getan werden, dass es nicht angefochten werden. Bypass-Bewegungen werden nicht jedes Mal ein neues Produkt erfordern, aber es wird dem Kunden helfen, das Produkt in eine neue Kategorie zu platzieren.

2.Die erfolgreichsten Angriffe werden auf den Flanken passieren, aber dies wird bestimmen, wie Sie in der Lage sind, ihren Angriff auf, während Sie sich in einer anderen Kategorie von Ihrem Wettbewerb.

Die Einleitung eines echten Angriffs auf die Hüften bedeutet, dass Sie die erste Person sein müssen, um ein Segment zu besetzen.

Ein Angriff auf die Flanken bedeutet nicht, dass Sie einen neuen Markt für Ihren Service oder Produkt einrichten müssen. Unternehmen kann nicht passieren, es sei denn, es ist ein Markt und der Markt besteht aus den Leuten, die Sie angreifen.

Sobald Sie dieses Segment besetzt haben, müssen Sie Ihre Position mit einem hohen Preis schützen. Dies wird ein großer Vorteil, weil es wird etwas Glaubwürdigkeit zu dem Produkt hinzuzufügen. Das liegt daran, dass Qualität oft mit hohen Preisen verbunden ist dank der Überzeugung, dass Sie bekommen, was Sie bezahlen.

Ein höherer Preis ist auch Werden geben Sie eine höhere Gewinnspanne. Eine weitere Anlage zum Preis ist die Größe des Produkts, das der Kunde erhält, die Distribution-Methoden oder die Formen der Produkte.

Kapitel acht: DiePrinzipien des Branding

Sobald Sie Ihre Mission, Vision, Publikum und Trennung von den Wettbewerbern festgelegt haben, können Sie anfangen, Ihre Marke zu etablieren. Es gibt viele Dinge, die Sie tun müssen, um Ihre Marke zu etablieren, damit die Menschen beginnen, Ihren Namen zu erinnern.

Diese Dinge gehören immer innerhalb des Geistes des Kunden, erhalten Vermerke, finden Sie heiße Perspektiven, und verwenden Sie die PR-Unternehmen zu Ihrem Vorteil. Diese wenigen Dinge werden einen langen Weg gehen, wenn Sie sich bemühen, sich unter den Wettbewerb ein auf dem Markt zu etablieren.

Etablierung eines Platzes innerhalb des Verstandes des Kunden

Eines ihrer größten Ziele in der Branding-Prozess ist die Schaffung eines Platzes innerhalb des Geistes des Kunden. An dieser Stelle haben Sie eine gute Idee, wer Ihr Publikum soll sein. Sie wissen, was ihr Einkommen ist, Ihr Alter, und möglicherweise geographische Details. Diese Informationen sind bei der Erstellung eines tatsächlichen Publikums relevant.

Ihr Ziel ist es, dem Kunden zu beweisen, den Sie für Ihr Produkt oder Ihren Service benötigen. Der Kunde muss einen Grund finden, warum Sie brauchen. Die Branding-Techniken wird dem Kunden sagen, dass Ihr

Produkt löst ein Problem, das Sie haben können, erfüllt eine Notwendigkeit Sie haben, und macht Ihr Leben viel besser, wenn Sie es kaufen.

Es muss ein Grund, das Produkt zu erwerben und einen positiven Aspekt, warum es die beste Option, um es zu verwenden.

Wenn Sie in den Kopf des Kunden erhalten, wird der Kunde glauben, dass Sie unbedingt das Produkt haben müssen.

Wie Sie sehen, viele Infomerkmals sprechen, wie jemand wird reich, wenn Sie ein Produkt verwenden oder wie Ihre Gesundheit wird besser Sie brauchen, um den Vorteil des Kunden zu etablieren, so können Sie wirklich glauben, dass Ihr Leben wird viel besser, wenn Sie Ihr Produkt verwenden.

Dies bedeutet auch, dass Sie Vertrauen und Glaubwürdigkeit bei den Kunden aufbauen müssen. Viele Produkte machen einen fantastischen Job, den Kunden zu beweisen, warum ein Produkt oder eine Dienstleistung vorteilhaft und gebraucht wird. Die Glaubwürdigkeit oder das Vertrauen der Verbraucher ist jedoch nicht zu begründen.

Ihr Ruf ist nicht auf dem Spiel, aber es wird an diesem Punkt in Frage gestellt, so müssen Sie nachweisen, dass Sie gehen, um die Versprechungen, die Sie machen, um den Kunden zu liefern.

Vermerke

Die Öffentlichkeit und die Konsumenten hören auf öffentliche Figuren. Wenn Sie die Fähigkeit haben, eine Bestätigung für ein Produkt zu erhalten, dann müssen Sie es nutzen. Sie können jedoch nicht auf eine Bestätigung warten, um zu Ihnen zu kommen.

Sie müssen einige dieser Zahlen kontaktieren, um zu sehen, ob Sie an der Billigung eines Produkts interessiert sind. Eine Sache, im Verstand zu halten ist, dass Vermerke durchaus ein wenig Geld Kosten können, wenn Sie versuchen, eine öffentliche Figur zu erhalten, um Ihr Produkt zu sichern.

Es gibt viele Möglichkeiten, um Vermerke zu erhalten. Sie können Veranstaltungen besuchen, wo eine öffentliche Figur sein wird. Dazu gehört auch immer wieder Bühne bei Konzerten oder Shows, wo Sie Zugriff auf die Person haben können. Sie können auch Ihre Manager anrufen und mit Ihnen über die Billigung eines Produkts sprechen.

Eine Sache, die im Hinterkopf behalten sollten, ist, dass Sie eine Figur finden müssen, die dem Publikum auch entspricht. Wenn Ihre Zielgruppe Jugendliche ist, dann wollen Sie eine Bestätigung finden, dass die Teenager wissen und Vertrauen.

Jemand, dass die Teenager denken ist hip und würde das Produkt kaufen wollen, wenn Sie herausfinden, die Person nutzt es auch. Das letzte, was Sie wollen, ist eine Bestätigung auf Ihr Produkt von einer älteren Person, die weithin bekannt ist und von einem älteren Publikum respektiert, dass die Teenager-Publikum hat nie gehört zu erhalten.

Dies wäre eine Verschwendung von Geld und Zeit auf Ihrem Teil.

Verwenden von PR-Profis zu Ihrem Vorteil

Die Aufmerksamkeit der Medien muss zu Ihrem Vorteil genutzt werden. Es gibt viele Möglichkeiten, dies zu tun. Eine Sache zu bedenken ist, dass Ihr Produkt und Ihre Marke nicht vollständig eingerichtet werden müssen, noch um die Aufmerksamkeit der Medien zu erlangen. Wichtig ist, dass Sie die Mittel verwenden, um Ihnen zu helfen, etabliert zu erhalten.

Die Medien können in vielerlei Hinsicht verwendet werden. Pressemitteilungen sind eines der besten Dinge, die Sie tun können, um die Exposition, die Sie suchen und helfen Ihnen, einen Platz in der Industrie des Geschäfts zu erhalten.

Eine Pressemitteilung wird in der Regel für die Ankündigung neuer Produkteinführungen, große Verkäufe und Ereignisse, oder irgendetwas anderes, das in einem Unternehmen geschieht, verwendet.

Immer mit Ihrer Website-Adresse in einer Pressemitteilung, so dass die Menschen können auf Ihre Website gehen und erfahren Sie mehr darüber, wer Sie sind.

Pressemitteilungen werden an so viele Medien verschickt, wie Sie für das Zielpublikum versenden können, zu dem Sie versuchen, zu erreichen. Zu diesen Medien gehören News-Stationen, Zeitungen, Magazine, Radiostationen und vieles mehr. Wenn ein Media Outlet eine Pressemitteilung erhält, können Sie ein paar Dinge tun.

Sie können sofort reagieren und verwenden Sie es für die nächste große Geschichte, die drücken Sie die Presse und erzählen Sie der Öffentlichkeit alles darüber. Sie können es beiseite legen, wenn Sie warten auf eine langsame Periode und dann verwenden Sie es als eine Geschichte oder Sie werden nichts tun.

Das Versenden von Pressemitteilungen kostet ein Geschäft nichts. Es ist billig und Sie müssen sich nicht um die Kosten kümmern. Es schadet nie, um Pressemitteilungen zu versenden, auch wenn die Medien nicht interessiert sind.

Der Punkt ist, dass Sie mindestens versuchen, öffentliche Beziehungen zu Ihrem nutzen zu nutzen. Es kann sein, dass ein Ereignis oder Ankündigung, die Sie über Ihr Unternehmen, das von der Presse verwendet wird. Dass ein kleines Stück Exposition könnte einen langen Weg für Sie gehen.

Kapitel neun: Die Kämpfe zu gewinnen

Branding ist etwas, dass jedes Unternehmen muss auf einer täglichen Basis Praxis oder wenn die Möglichkeit entsteht. Sie müssen hart arbeiten, um den Sieg im Branding-Krieg zu gewährleisten, die sich auf die Art und Weise, wie Kunden denken über die Produkte oder Dienstleistungen, die Ihnen angeboten.

Wenn Sie das Branding üben, müssen Sie sicherstellen, dass Sie sich auf die Zielgruppen der Bevölkerung ausgerichtet sind. Logos sind wichtig, aber Sie sind nicht Ihr Verkauf Punkt. Sie machen nur eine Aussage. Verwenden Sie einen Slogan zusammen mit einem Logo oder mit einer Werbung nur, wenn Sie denken, es wird die Aufmerksamkeit der Kunden in einer positiven Weise zu ergreifen.

Branding erfordert, dass Sie Medien-Verkaufsstellen zu Ihrem Nutzen verwenden. Sie müssen proaktiv in ihren Methoden des Branding. Sie können jemanden einstellen, um das Branding für Sie zu tun. Ein Unternehmen hat vollständige Kontrolle über Ihre Marke und Ihr Bild. Das Ziel des Branding ist es, in den Köpfen der Kunden in einer positiven Weise zu erhalten und Ihnen zu helfen, Ihr Unternehmen bietet ein positives Produkt für Sie. Sie haben etwas, was Sie brauchen.

Branding verlangt, dass Sie sich von der Konkurrenz beweisen, warum das Geschäft ist die beste Option zum Kauf von. Es muss ein klares Bild, was macht Sie anders, einzigartig, und warum ein Kunde sollten Sie über den Wettbewerb wählen.

Die Sache, über Branding zu erinnern ist, dass es hilft, ein Bild über ein Unternehmen zu produzieren. Konsistenz ist sehr wichtig. Sie können das Branding nicht durchführen, indem Sie ein Logo auf einer Website erstellen und zu Fuß gehen.

Branding erfordert proaktive Ansätze der Exposition durch Artikel schriftlich, Pressemitteilung Distribution, öffentliche Auftritte, Produkte mit Logos, und vieles mehr. Vertrauen und Glaubwürdigkeit müssen durch den Branding-Prozess aufgebaut werden.

Durch die Verwendung dieser Techniken können Sie zu einem erstaunlichen Beginn des Aufbaus einer vertrauenswürdigen Marke, die Kunden verlassen können.

Eine Sache, die im Hinterkopf behalten sollten, ist, dass Sie eine Figur finden müssen, die dem Publikum auch entspricht. Wenn Ihre Zielgruppe Jugendliche ist, dann wollen Sie eine Bestätigung finden, dass die Teenager wissen und Vertrauen.

Auch immer folgen mit Versprechungen, die Sie an Kunden durch eine Mission oder irgendwelche Aussagen machen.

Kapitel zehn: Die Gesetze des Branding

1. analysieren Sie den Markt, den Sie abgeholt haben
Ein Geschäft ist nur möglich, wenn man es möglich macht.

Was ist die Notwendigkeit oder Interesse, die Sie lösen mit Ihrem Produkt?

Wenn es nicht, wahrscheinlich gibt es keinen Markt und Sie sollten Sie abholen ein anderes.

1. die Wettbewerber des Marktes analysieren

Obwohl die Prüfung der Art der Marke, die von ihren Konkurrenten verwendet werden, wird Ihnen helfen, ihre eigene Marke zu etablieren, müssen Sie von Ihnen zu unterscheiden, während Sie zur gleichen Zeit überschreiten.

Eine Unterscheidung darf nicht nur aus dem Firmennamen oder dem Logo selbst, sondern in Bezug auf die Servicequalität, die Sie liefern, entstehen. Was können Sie bieten, dass Ihre Wettbewerber nicht und bieten keine Kunden? Dann integrieren Sie die in die Schaffung ihrer Marke, so dass Sie leicht in der Lage, Kunden Aufmerksamkeit auf die Möglichkeit, Geschäfte mit Ihnen zu erfassen.

In einem Markt, der mit mehreren anderen Unternehmen überschwemmt wird, so dass sich einzigartig und unterscheidet sich von anderen ist eine

Möglichkeit, den Ruf Ihres Unternehmens zu etablieren. Paar, dass mit einer Leidenschaft für die Lieferung TopNotch Kunden und Qualität Service, sind Sie sicher, eine starke Business-Marke, die Ihrem Unternehmen helfen, ihre Ziele zu erreichen.

1. Konsistenz

Eine der effektivsten Möglichkeiten zum Erstellen von Vertrauensstellungen zwischen ihren Kunden besteht darin, mit der Nachricht konsistent zu sein, die Sie vermitteln möchten. Konsistenz ist bei der Ausstellung der Werte, die Schlüssel und Vital in Ihrem Unternehmen sind, am wichtigsten. Konzentrieren Sie sich dann auf jeden Aspekt Ihres Unternehmens, um sicherzustellen, dass er mit den von Ihrem Unternehmen erklärten Werten konsistent bleibt und dass Sie eine gute Darstellung der Vision des Unternehmens bilden.

1. bauen Sie Ihre Marke mit PR und verstärken Sie mit Werbung

Sprechen Sie mit den Leuten, seien Sie nah an Ihnen; Sozial Media sind ein wirklich erstaunlich, das zu tun.

Nutzung sozialer Netzwerk-Websites, die Sie interessieren, als eine Allee, um Ihre Marke online zu fördern ist für Ihr Unternehmen vorteilhaft. Hier können Sie Verbindungen herstellen und die Reichweite Ihrer Marke erweitern. Immer mehr Menschen auf Ihrer Seite wird großen Brand

Bildung Traffic auf Ihrer Website zu produzieren.

Versuchen Sie, Ratschläge oder Lösung für die Bedürfnisse der Menschen zu bieten. Aber von Spammen unterlassen, da Sie im Grunde ruinieren würde Ihren geschäftlichen Ruf.

Die Menschen werden Vertrauen, nur wer Sie wahrnehmen, so nah und ähnlich wie möglich.

1. ändern Sie nie Ihre Marke Identität

Dadurch wird das Vertrauen, das Sie auf den Kunden aufgebaut haben, verringert und auch Ihre Reputation ruinieren. Versuchen Sie lediglich, die Nachrichten neu zu strukturieren, die Sie liefern möchten, aber vergewissern Sie sich, dass Sie im Kontext ihrer grundlegenden Marke-Identität bleibt.

1. Internes Branding

In welcher Art von Brand Stratege Sie beschäftigen, müssen Sie sich auf die verbleibenden im Einklang mit der allgemeinen Vision und Ziele des Unternehmens. Dies hilft auch, ein stärkeres Maß an Vertrauen unter ihren Kunden über den Ruf Ihres Unternehmens aufzubauen.

Deshalb müssen Sie Personen anstellen und entwickeln, die die Wichtigkeit der Grundwerte verstehen, die in der Vision und der Zielsetzung des Unternehmens ausgestellt werden. Mit Menschen in Ihrem Unternehmen, die genau erkennen, was die Marke will, um die Menschen präsentieren, dann sind Sie mehr fähig, eine kohärente und konsistente Botschaft an den Markt über das, was Ihre Marke ist. Dies wird auch dazu beitragen, dass Sie die Versprechungen der Gesellschaft als Teil ihrer Branding-System liefern können.

Wenn Sie ein effektives internes Branding-System erstellen möchten, muss jedes Unternehmen auf folgende Prinzipien aufmerksam machen:

• Freiheit nicht kontrollieren. Ein effektives internes Branding-Management ist ein, dass eine Reihe von Regeln, die von den Mitarbeitern vereinbart werden, so dass Sie wirklich dazu beitragen, die Weiterentwicklung ihrer Marke.

dezentralisieren Erfahren Sie, wie Sie Ihren Mitarbeitern Vertrauen, um die Qualität ihrer Marke verdient zu liefern.

• kommunizieren Sie die Nachricht Ihres Unternehmens an das Personal zuerst vor den Kunden. Wie erwarten Sie, dass Ihre Mitarbeiter die Art der Norm liefern, die Sie erreichen wollen, wenn Sie nicht über ein korrektes Verständnis der Unternehmensziele verfügen?

- synchronisierte Bedienung. Sie müssen in der Lage, verschiedene Abteilungen des Unternehmens zu ziehen, so dass jeder arbeitet in der gleichen Tempo und Perspektive.

- Denke langfristige Ziele. Keine Marke wird über Nacht erstellt. Daher müssen Sie diese Denkweise in Ihrem Personal erstellen, die es Ihnen ermöglicht, die langfristigen Auswirkungen und Auswirkungen eines effektiven internen Branding-Systems zu denken.

1. Konten-Marketing als Branding-Waffe

Schreiben Sie einfach nützliche und qualitativ hochwertige Inhalte auf Ihrer Website. Wenn die Menschen beginnen, die Bedeutung der Inhalte Ihrer Website zu realisieren, wird es letztlich Auswirkungen auf Ihre Leistung auf Suchmaschinen.

1. Joint Venture als Branding-Waffe

Wer ist nicht mein Konkurrent, sondern bekommt meine potenziellen Kunden?

Wenn Sie abholen die richtige Person zu Verbündeten, ihre Verkehrs- und

Bekanntheitsgrad wird dramatisch zunehmen.

Denken Sie daran: "Ihr Netzwerk ist Ihr Netto-Wert„.

Abschluss

Danke, dass es bis zum Ende des Branding, Schaukeln hoffe, es war informativ und in der Lage, Sie mit allen Werkzeugen, die Sie brauchen, um Ihre Ziele zu erreichen, was auch immer es sein kann.

Der nächste Schritt ist zu nehmen, was Sie hier gelernt haben, und bewerben Sie sich auf Ihre Marke. Sie wollen eine starke Beziehung zu Ihrem Kunden machen, damit Sie nicht nur immer wieder, um Dinge von Ihnen kaufen, aber Sie empfehlen Ihnen andere Kunden.

Sie werden eine andere Umgebung für Ihre Kunden erstellen, damit Sie sich mehr an Ihr Unternehmen anschließen können. Nicht nur das, aber Sie werden Ihr Unternehmen stärker durch das Hinzufügen von Online-Branding zu Ihrer Liste der Taktiken, die Sie verwenden, um Kunden zu bringen und halten Sie kommen wieder für mehr.

Der beste Weg, dass Sie sich in der Lage sein, durch den Branding-Krieg zu erhalten, ist es, als ob Sie ein allgemeiner Kampf gegen eine Schlacht zu denken. Sie werden müssen klug sein und studieren, was in der Branding-Markt, so dass Sie kluge Entscheidungen treffen können und nicht dazu führen, dass Ihre Marke scheitern.

www.ingramcontent.com/pod-product-compliance
Lightning Source LLC
Chambersburg PA
CBHW050014230526
45470CB00003B/960